www.tredition.de

Catrin Weisglud

Frau Merkel SIE schaffen das NICHT

Eine Bilanz staatlichen Versagens

© 2016 Catrin Weisglud

Verlag: tredition GmbH, Hamburg

ISBN
Paperback: 978-3-7345-1581-1
Hardcover: 978-3-7345-1582-8
e-Book: 978-3-7345-1583-5

Printed in Germany

Frau Merkel
SIE schaffen das NICHT

Eine Bilanz politischen Versagens

Eidesformel des Bundeskanzlers und seiner Minister

„Ich schwöre, dass ich meine Kraft dem Wohle des deutschen Volkes widmen, seinen Nutzen mehren, Schaden von ihm wenden, das Grundgesetz und die Gesetze des Bundes wahren und verteidigen, meine Pflichten gewissenhaft erfüllen und Gerechtigkeit gegen jedermann üben werde.

(So wahr mir Gott helfe.)"

Guten Tag Frau Merkel,

wen haben Sie eigentlich mit „Wir schaffen das!" gemeint? Sich selbst wohl kaum. Das zeigt die Praxis. Die Flüchtlingskrise hat Sie endgültig de-maskiert, entzaubert und entlarvt. SIE schaffen das NICHT! Die Flüchtlingskrise ist ein Paradebeispiel für Ihr „auf Sicht fahren". Weitsicht war für Sie schon immer ein Fremdwort. Nur, auf Sicht fahren bedeutet natürlich, dass man nichts sieht. Und genau das ist Ihnen in Sachen Flüchtlingen wieder einmal passiert. Um es gleich klar zu stellen: Es geht nicht darum, dass wir Flüchtlinge aufgenommen haben. **Es geht ausschließlich darum, wie unprofessionell und beschämend das Ganze immer noch abläuft.** Es handelt sich schließlich nicht um eine Naturkatastrophe, die über uns hereingebrochen ist. Es war seit Jahren absehbar, dass sich Millionen von Menschen nach Europa auf den Weg machen werden.

Flüchtlingskrise

In dem TV-Gespräch mit Anne Will am 7.10.2015 berichteten Sie davon, dass Sie bereits „vor anderthalb Jahren" (das wäre Mitte 2013 gewesen) Gespräche mit Landräten in Bayern geführt hätten, die Ihnen berichteten, dass immer mehr Flüchtlinge nach Deutschland kommen. Sie erzählten ferner, dass die Bundesregierung bereits 2011 110.000 syrische Flüchtlinge vom UNHCR aufgenommen hat. Sie wussten also schon sehr früh, dass die Situation in den Flüchtlingslagern sehr schlecht ist und konnten sich auch vorstellen, was sich da anbahnt.

Bereits im Sommer 2013 berichtet der Bundesverband der Arbeiterwohlfahrt, der Beratungsstellen für Flüchtlinge unter anderem in Beirut unterhält, dass es fast unmöglich sei Termine für Visa-Anträge für Flüchtlinge zu bekommen. Die Deutsche Botschaft räumte ein, dass die Nachfrage-

hoch sei und die personellen und räumlichen Kapazitäten begrenzt seien (DIE ZEIT vom 25.7.2013). Ähnliches wurde von der Deutschen Botschaft in Ankara berichtet. Wobei man dazu sagen muss, dass es sich hierbei häufig um Flüchtlinge gehandelt hat, von denen bereits ein Familienmitglied als anerkannter Asylbewerber in Deutschland lebt. Und Sie? Sie haben davon entweder nichts mitbekommen oder es als die Aufgabe des Außenressorts betrachtet, für das Sie ja nicht zuständig sind.

Es gab von deutschen und europäischen Behörden sowie dem deutschen Innenministerium immer wieder Warnungen vor dem, was sich anbahnt. Die Welt schreibt in ihrem lesenswerten Artikel *„Herbst der Kanzlerin – Geschichte eines Staatsversagens"* vom 9.11.2015

„dass im März 2015 der Chef der EU-Grenzbehörde Frontex Fabrice Leggeri vor einer neuen Rekordzahl warnt: "Unsere

Quellen berichten uns, dass zwischen 500.000 und eine Million Migranten bereit sind, Libyen zu verlassen. Schon Wochen zuvor, am 3. Februar 2015, geht im Auswärtigen Amt eine dringliche Depesche der deutschen Vertretung in Pristina, Kosovo ein. Unter dem Betreff "Auswanderung von Kosovaren nimmt dramatisch zu" schildern Botschaftsangehörige, dass "derzeit täglich 800-1000 (plus Dunkelziffer) Kosovaren" über Serbien und Ungarn nach Deutschland unterwegs seien. Ende des Jahres könnten es "300.000 Personen, d. h. ein Sechstel der Gesamtbevölkerung" sein.

In dem bemerkenswerten Artikel „Was Merkel übersehen hat" skizziert Ruth Eisenreich von der Süddeutsche Zeitung am 24. September 2015 den chronologischen Verlauf der Katastrophe und was Sie seit 2012 hätten wissen können:

28. September 2012 Knapp 300 000 Syrer leben in Flüchtlingslagern in Jordanien, im

Libanon, im Irak und in der Türkei. Ohne die Mithilfe der internationalen Gemeinschaft könnten sie nicht auf Dauer versorgt werden können, sagt Panos Moumtzis, der Regionalkoordinator des UN-Flüchtlingshilfswerks UNHCR: "Wir haben nur rund ein Drittel des Geldes, das wir bräuchten." Den Aufnahmeländern gehe das Geld für Lebensmittel, Medikamente, Kleidung und Unterkünfte aus, das UNHCR benötige daher 488 Millionen US-Dollar."

23. August 2013 "Wir müssen uns alle schämen", sagt Anthony Lake vom UN-Kinderhilfswerk Unicef. Die Welt erlebe das größte Flüchtlingsdrama seit dem Völkermord in Ruanda vor fast 20 Jahren, in den Nachbarländern Syriens mangele es an Wasser, Nahrungsmitteln und medizinischer Versorgung für die Flüchtlinge. Die Vereinten Nationen melden, erst 38 Prozent des bis Ende des Jahres benötigten Geldes stünden bereit."

3. September 2013 Mehr als zwei Millionen Syrer seien ins Ausland geflohen, mehr als vier Millionen seien im eigenen Land auf der Flucht, meldet das UNHCR. Die internationale Unterstützung für die Aufnahmeländer Libanon, Jordanien, Irak, Ägypten und Türkei müsse dringend verstärkt werden, fordert António Guterres UN-Flüchtlingshochkommissar."

16. Dezember 2013 In einem gemeinsamen Appell erklären Dutzende Hilfsorganisationen, für das Jahr 2014 würden rund 4,7 Milliarden Euro an Hilfsgeldern für Flüchtlinge aus Syrien benötigt. "Dies ist die schlimmste humanitäre Krise, die wir seit Jahrzehnten erleben, und jeden Tag wächst die Zahl gefährdeter Syrer, die dem Hunger ausgesetzt werden", sagt Muhannad Hadi, Nothilfekoordinator des Welternährungsprogramms (WFP) für Syrien."

15. Januar 2014 Bei einer internationalen Geberkonferenz für die Opfer des Bürgerkriegs in Syrien sagen Regierungen Hilfsgelder in Höhe von etwa 2,4 Milliarden Dollar zu. Das werde aber nicht reichen, um Nothilfe für alle Flüchtlinge und Vertriebenen bereitzustellen, sagt UN-Generalsekretär Ban Ki Moon: "Wir schätzen, dass wir in diesem Jahr 6,5 Milliarden Dollar benötigen werden." Schon von den bei einer ersten Geberkonferenz für Syrien im Vorjahr versprochenen 1,5 Milliarden Dollar seien nur 70 Prozent tatsächlich an die Vereinten Nationen überwiesen worden."

31. Januar 2014 Mehr als sechs Millionen Syrer sind auf der Flucht, der Libanon und Jordanien schreien um Hilfe. Mehr als sechs Milliarden Dollar würden 2014 für humanitäre Hilfe und den Aufbau der Infrastruktur in den Nachbarstaaten benötigt, heißt es bei einer UN-Konferenz in Kuwait. "Der Syrien-Krieg, entgrenzte Gewalt, Flucht und Vertreibung sind eine Katastrophe für Millionen von Menschen, das überfordert die Nachbarländer", sagt Bundestags-Vizepräsidentin Claudia Roth nach einem Besuch in der Region: "Die humanitäre Krise wird zu einer politischen, die die Region destabilisiert und zum Flächenbrand führen kann. Die notwendige humanitäre Hilfe ist daher nicht nur moralische Verpflichtung, sondern auch politische Rationalität." Und Jordaniens Innenminister Hussein al-Majali warnt: "Was in Syrien geschieht, wird auch Europa und Deutschland treffen."

3. April 2014 "Der Libanon hat die höchste Flüchtlingsdichte in der jüngsten Geschichte", sagt UN-Flüchtlingskommissar António Guterres: "Wir können das Land diese Last nicht allein schultern lassen." Die Weltbank schätzt, dass die Syrien-Krise den Libanon 2,5 Milliarden Dollar an verlorener Wirtschaftsleistung gekostet hat. "Die Internationale Unterstützung für staatliche Einrichtungen sowie für lokale Gemeinden steigt zwar allmählich, aber wir sind noch sehr weit von den tatsächlichen Bedürfnissen entfernt", sagt Guterres. Während sich die humanitäre Katastrophe ausweitet und dramatische Konsequenzen für den Libanon nach sich zieht, ist die humanitäre Hilfe nur zu dreizehn Prozent finanziert. "Vergangenes Jahr", melden die Vereinten Nationen, "wurde ein Spendenaufruf für 1,89 Milliarden US-Dollar lanciert, bisher sind aber nur 242 Millionen zur Verfügung gestellt worden."

28. Oktober 2014 Bei einer Syrien-Flüchtlingskonferenz in Berlin sagt Außenminister Frank-Walter Steinmeier (SPD), die internationale Staatengemeinschaft müsse den Aufnahmeländern im Nahen Osten unter die Arme greifen und den Flüchtlingen neue Hoffnung geben. "Die internationale Hilfe reicht nicht aus", sagt der libanesische Ministerpräsident Tammam Salam bei der Konferenz, der jordanische Außenminister Nasser Judeh fordert: "Wenn Jordanien diese Lasten weiter tragen soll, brauchen wir die Hilfe der internationalen Staatengemeinschaft." Auch Vertreter der Türkei, Ägyptens und des Irak fordern mehr Unterstützung für die Aufnahmeländer."

1. Dezember 2014 Das WFP stoppt wegen Geldmangels die Lebensmittelhilfe für 1,7 Millionen Syrer in Ägypten, Jordanien, in der Türkei, im Libanon und im Irak. "Die Aussetzung der WFP-Nahrungsmittelhilfe bedroht die Gesundheit und Sicherheit dieser Flüchtlinge", warnt WFP-Direktorin Ertharin Cousin. "Das könnte zu weiteren Spannungen und zu Instabilität in Syriens Nachbarländern führen." Viele Geberländer hätten zugesagte Gelder nicht überwiesen, klagt Cousin."

Der Artikel endet mit diesen beiden Informationen:

22. September 2015 "Wir haben jahrelang rumgehampelt wie die Clowns und gesagt, es braucht Geld, Geld, Geld", sagt der ehemalige Leiter des jordanischen Flüchtlingslagers Zaatari, Kilian Kleinschmidt, der SZ: "Und dann kucken einen immer alle mit großen Augen an und sagen: Ja, da schauen wir mal. Und dann kriegt man vielleicht *eine Million hier, eine Million da - aber allein für die Grundversorgung der Flüchtlinge fehlen im Nahen Osten im Augenblick drei Milliarden Dollar."*

23. September 2015 *Die EU kündigt an, eine Milliarde Euro bereitzustellen. Angela Merkel gibt sich erschüttert. "*

Und Sie Frau Merkel brüsten sich in der Sendung mit Anne Will, dass Deutschland 2011 110.000 Syrer aufgenommen hat. Das ist beschämend! Warum sind Sie nicht spätestens Anfang 2014 selbst in die Region gefahren und haben sich ein Bild vor Ort gemacht?

Sie haben also schon lange gewusst, was da auf uns zukommt. Vermutlich war der von Anne Will in besagter TV-Sendung zitierte Satz von Herrn Kauder „*Naja, wir kümmern uns um die, die es zu uns geschafft haben*" Ihre Handlungsmaxime, denn letztlich spiegelt er ja genau das wider, was Sie gemacht haben. Warten. Warum haben wir nicht längst Registrierungsbüros in den Flüchtlingslagern in Jordanien, Libanon und Türkei eingerichtet, wie es Kanada macht? Kanada bearbeitet die Asylanträge in diesen Büros vor Ort. Flüchtlinge, die als Asylbewerber anerkannt werden, fliegt der kanadische Staat dann auf seine Kosten ins Land wo sie sofort in den Integrationsprozess geleitet werden. So sieht humane Flüchtlingshilfe aus.

Also warum haben Sie nicht schon spätestens 2013/2014 als sich die Katastrophenmeldungen häuften, ein ähnliches Projekt innerhalb der EU initiiert? Mit einer abgestimmten gemeinsamen Strategie unter Einbindung jener Länder, in denen sich die Flüchtlingslager befinden, hätten Sie vor Ort die Asylberechtigungen prüfen und die Menschen dann auf zivilisiertem Weg nach Europa bringen können. Durch dieses Procedere hätte sich jedes Land die Flüchtlinge aussuchen können für die es später auch eine Integrationsmöglichkeit gesehen hätte. Damit hätten Sie vermutlich sogar jene Länder ins Boot bekommen die Ihnen heute die Gefolgschaft verweigern. Gleichzeitig hätten Sie gemeinsam kommunizieren können, dass niemand außer den Personen, die Sie vor Ort kontrolliert haben, eine Chance hat, in Europa aufgenommen zu werden. Sie hätten klare Kante zeigen und unmissverständlich klar machen können, dass Menschen die es trotzdem versuchen konsequent in die Flüchtlingslager zurück gebracht werden.

Parallel hierzu hätte die Europäische Union UNHCR und die Hilfsorganisationen in den Flüchtlingslagern viel stärker finanziell und materiell unterstützen müssen, die, wie wir gesehen haben, seit Jahren verheerend sind. Damit hätten sich die Lebensbedingungen der Menschen dort auf ein erträgliches und menschenwürdiges Maß reduziert. Mit ausreichend Lebensmitteln, Frischwasser, warmer Kleidung, Schulen und eventuell sogar weiteren Ausbildungsmöglichkeiten sowie ärztlicher Versorgung hätten vermutlich sogar viele Flüchtlinge auf ihre lebensgefährliche Reise nach Europa freiwillig verzichtet, zumal ja viele von ihnen sowie eigentlich später wieder zurück wollen. Auf diese Weise wäre das Schleuserproblem frühzeitig entschärft, wenn nicht sogar verhindert worden und den Menschen der unwürdige und unmenschliche Trip nach Europa erspart geblieben. Auch das jetzt anstehende und ungelöste Problem der Abschiebung im Falle der Nicht-Anerkennung wäre gar nicht erst entstanden.

Sobald dieses Konzept im Konsens verabschiedet worden wäre hätten Sie wie Ihre Kollegen in den anderen EU-Ländern die jeweilige Bevölkerung über Ihr gemeinsames Vorhaben informieren können. Die Menschen hätten sich darauf einstellen und vorbereiten können. Ebenso die Sicherheitsdienste, Bundesländer und Kommunen. Und Sie? Tja, ein so koordiniertes Projektmanagement bedarf eben jener Weitsicht, über die Sie ja bekanntlich nicht verfügen. Sie schauen lieber zu, wie Tausende von Flüchtlingen im Mittelmeer ertrinken und sich auf einen menschenunwürdigen Fußmarsch durch halb Europa quälen. Ist ja nicht unser Problem. Eins steht fest, das wäre Ihren Vorgängern Helmut Kohl und Gerhard Schröder nicht passiert. Und Helmut Schmidt erst recht nicht. Diese Politiker hatten den Gestaltungswillen und die Weitsicht, die diese Situation erfordert hätte.

Erst als uns erschütternde Bilder von einem kleinen toten Kind an einem türkischen Strand sowie von 71 toten Flüchtlingen in einem LKW in Österreich erreichten, die unsere Bevölkerung stark emotionalisierten, und hunderttausende Flüchtlinge quasi vor unseren Toren in Ungarn hängen blieben, haben Sie die Empathie für sich entdeckt und lauthals verkündet „Sie sind willkommen." Warum, und diese Frage stellt sich zum wiederholten Male, erst jetzt? Weil Sie sich grundsätzlich erst dann zu Wort melden, wenn Sie sicher sein können, die Bevölkerung hinter sich zu haben. Das ist und war schon immer Ihr Kalkül. Eine durchsichtige Strategie und beschämend.

Wie gesagt, prinzipiell eine richtige Entscheidung. Aber bitte nicht so! Eine Entscheidung, die Sie mit niemandem abgestimmt haben. Weder mit Ihren Ministerien, den Bundesländern noch mit Ihren EU-Kollegen. Eine Entscheidung für die Sie zu keinem Zeitpunkt einen Masterplan hatten. Und dessen Folgen Sie nicht bedacht haben. Dabei hätte man dieses Mammutprojekt wie gesagt schon jahrelang vorher sorgfältig vorbereiten können. Die Warnungen von UNHCR und anderen Organisationen waren da. Fakten hinsichtlich der sich stauenden Flüchtlingsströme in Nahost gab es schon seit einigen Jahren.

Dass Sie sich mit Ihrer Entscheidung über das Dublin-Abkommen hinweg gesetzt und es quasi im Alleingang außer Kraft gesetzt haben - was soll's! Schließlich entschei-

den Sie ja seit Jahren in Europa wo es
lang geht. Leider haben Sie sich auch keine Gedanken gemacht, wie das mit der zu
erwartenden Abschiebung bei nicht aner-
kannten Flüchtlingen funktionieren soll.
Erst als Tausende von ihnen im Land sind
fällt Ihnen ein dass man mit den Her-
kunftsländern über diese Rücknahme sprechen muss. Typisch Kurzsicht!

Als Ihr Dauer-Mantra „Wir schaffen das"
nicht mehr funktioniert, versteigen Sie
sich zu dem martialischen Satz: „Es gehört
zur deutschen Identität, dass wir Großes
leisten können, und deshalb schaffen wir
auch diese Herausforderung!" Na, wenn das
so ist, wie viele Flüchtlinge haben Sie
eigentlich in Ihre Datscha in der Ucker-
mark aufgenommen? Die wird von Ihnen doch
sowieso nur sporadisch genutzt. Diese na-
tionale Beschwörung ist typisch für Ihre
Vernebelungstaktik. Sprechblasen und die
Menschen einlullen. Die Bevölkerung soll
bloß nicht auf den Gedanken kommen, dass
es endgültig vorbei ist mit der Gemütlich-

keit. Dabei spüren die Menschen vor Ort längst hautnah, dass Ihre einsame um nicht zu sagen selbstherrliche Entscheidung das Land an den Rand seiner Leistungsfähigkeit bringt.

Kaputte Schulen, unterfinanzierte Kommunen, personell unterbesetzte Justiz, Polizei, Verwaltung, marode Straßen, Brücken und Bahnkörper, Wasserwege aus Kaiserzeiten, die dringend modernisiert werden müssten, fehlende Lehrer und Kita-Betreuer – das ist Deutschland nach 10 Jahren Merkel im Amt. Ihre neoliberale Politik die sich ausschließlich dem Kapital, den Lobbyisten und der Wirtschaft verpflichtet fühlt hat dieses Land um Jahre in die Vergangenheit katapultiert. Mit dieser desolaten Infrastruktur sollen jetzt ad hoc mehr als 1 Million Flüchtlinge menschenwürdig aufgenommen und integriert werden. Das Resultat: Total überlastete Kommunen, Polizeibeamte im Dauereinsatz, freiwillige Helfer an der Belastungsgrenze treffen auf eine völlig veraltete Kommunikationstechnologie, die noch nicht einmal den unmittelbaren Datenaustausch zwischen den Bundesländern sicherstellt. Und das im 21. Jahrhundert!

Als die Situation im Herbst 2015 endgültig zu eskalieren droht beschließen Sie die Asylverfahren zu vereinfachen in dem die Flüchtlinge lediglich einen Fragebogen ausfüllen müssen. Dass sich in diesem Chaos wie wir heute wissen 130.000 Flüchtlinge, die seit ihrer Ankunft in Deutschland spurlos verschwunden sind, der notwendigen Kontrolle entzogen haben scheint Sie ja nicht zu beunruhigen. Dabei haben die Sicherheitsdienste von Anfang an davor gewarnt, dass der IS die Situation ausnutzen und seine Mitglieder unter die Flüchtlinge mischen werde. Und genau das ist passiert! Der verhinderte Attentäter von Paris ist nur ein weiteres Beispiel dafür, was geschieht, wenn der Staat die Kontrolle über seine Grenzen verliert. Er war unter anderem in einer Asyl-Unterkunft in Recklinghausen gemeldet. Nur hat offensichtlich niemand bemerkt, dass er sich längst auf den unheilvollen Weg nach Paris gemacht hat. Dass er, wie sich jetzt herausstellt, mit mehr als einem Dutzend Identitäten durch Europa gereist ist. Schicksal? Bereits bei dem verheerenden Attentat am 13. November 2015 in Paris legten die Untersuchungen der Behörden die Vermutung nahe dass einer, wenn nicht sogar zwei Attentäter mit gefälschten Pässen über die Balkanroute nach Europa gereist sind. Außerdem wissen wir seit Monaten, dass sich der IS in Syrien massenhaft Originalpässe und das dazugehörige technische Equipment beschafft hat, mit dem sich spielend leicht Pässe herstellen lassen.

Gleichzeitig erreicht die Bevölkerung die Nachricht, dass laut Interpol alleine in Deutschland rund 5.000 Flüchtlingskinder verschwunden sind. Wie kann es passieren dass alleine reisende Kinder nicht unter eine besondere Obhut genommen und geschützt werden? Auch hierzu von Ihnen wie üblich kein Statement. Kein Aufschrei.

Nichts. Es interessiert Sie offensichtlich gar nicht. Sie bauen konsequent auf das Kurzzeitgedächtnis der Wähler und liefern uns, wie so häufig, lieber schöne Bildinszenierungen von sich und Georg Clooney beim Gedankenaustausch im Kanzleramt über das von Ihnen zu verantwortende Flüchtlingschaos.

Als unser Boot dann überzulaufen droht, fordern Sie Solidarität von den übrigen EU-Mitgliedsstaaten. Es sei schließlich deren Pflicht Kontingente aufzunehmen. Wie bitte? Wenn Solidarität Ihnen so wichtig ist, warum haben Sie dann Ihre Entscheidung nicht mit den anderen EU-Ländern im Vorfeld abgestimmt? Ich hätte gerne Ihr Gesicht gesehen, wenn David Cameron Sie so unverhohlen aufgefordert hätte gefälligst einige tausend Flüchtlinge aufzunehmen. Wie solidarisch waren Sie eigentlich als Italien schon vor Jahren um Hilfe rief, weil es von Flüchtlingen förmlich überschwemmt wurde? Sie haben sich auf den Standpunkt zurückgezogen, dass das Europas

Außengrenzen beträfe, für die schließlich die jeweiligen Staaten zuständig seien. Problem erledigt. Wo war damals Ihre jetzt inszenierte Empathie mit den verzweifelten Flüchtlingen?

So, und wo bitte sollen die Flüchtlingsfamilien aus Syrien, dem Irak oder Afghanistan mit ihren Kindern wohnen, wenn sie den Asyl-Anerkennungsprozess durchlaufen haben? Selbst wenn nur die Hälfte von Ihnen anerkannt werden sollte, es fehlen seit Jahren hunderttausende Wohnungen zu bezahlbaren Mieten für Durchschnittsverdiener in deutschen Großstädten. Selbst sehr gut ausgebildete Mütter müssen zu Hause bleiben, weil sie keinen Kita-Platz für ihr Kind finden oder es an dem entsprechenden Ganztagsschulangebot fehlt. Hinzu kommt, dass die gesetzliche Kranken- und Rentenversicherung jetzt auch für Neubürger zuständig ist, die bisher nicht eingezahlt haben. Die Krankenkassen haben bereits einen gigantischen Fehlbetrag in Aussicht gestellt, der allerdings auch daraus resultiert, dass der Staat seit Jahren laut einem Artikel in der Frankfurter Rundschau vom 17. Februar 2016 viel zu niedrige Krankenkassenbeiträge (90 Euro/Monat/Familienmitglied) für Hartz IV-Empfänger entrichtet. Alleine aus dieser Unterfinanzierung ist den Krankenkassen ein gigantischer Fehlbetrag entstanden. Die Quittung haben wir ja Anfang 2016 bekommen als die Beiträge für gesetzlich Versicherte von den meisten Kassen erhöht wurden. In diesem Zusammenhang stellt sich mir gleich die nächste Frage: Warum sind eigentlich ausschließlich gesetzlich Versicherte für die von Ihrer Regierung verursachten Krankenkassen-Fehlbeiträge der Hartz IV-Empfänger zuständig?

Und der Arbeitsmarkt? Von der anfänglichen Euphorie ist nicht viel übrig geblieben, als man feststellen musste, dass die Mehrheit der Flüchtlinge eben keine gut ausgebildeten Akademiker sind die unseren Fachkräftemangel beheben könnten. Die Arbeitsagenturen werden sich über den Nachschub unqualifizierter junger Männer freuen. Die Ausgaben für Hartz IV werden explodieren. Woher wollen Sie das Geld nehmen, um diese gigantischen Summen zu finanzieren? Auch darauf gibt es bisher keine Antwort. Weder von Ihnen noch von Ihrem Finanzminister. Der hat unserer Bauministerin gerade mitteilen lassen, dass es kein zusätzliches Geld für den dringend notwendigen sozialen Wohnungsbau geben wird.

Ja, so sieht es eben aus, wenn man auf Sicht fährt und sich nicht vorher überlegt, welche Konsequenzen eine so weit reichende Entscheidung haben wird. Die Folge? Die personellen, kommunalen und materiellen Ressourcen sind nahezu ausgereizt, die Freiwilligen vor Ort stoßen an ihre Grenzen bei ihrem Bestreben den Anforderungen einer menschwürdigen Bewältigung der Probleme irgendwie gerecht zu werden. Nebenbei hat sich eine neue Bürgerbewegung gegründet die ihrem Frust lautstark Gehör verschafft. Und das nicht nur auf der Straße sondern voraussichtlich auch bei den anstehenden Landtagswahlen. Pegida und AfD sind das Ergebnis Ihres Versagens! Bürgerwehren haben sich gegründet, weil es an Polizeipräsenz in den Kommunen fehlt. Sachsen-Anhalt bildet jetzt im Schnellverfahren Hilfspolizisten aus die mit Waffen ausgerüstet, auf die Bevölkerung losgelassen werden, um Sicherheit vorzugaukeln.

Und Sie? Sie scheinen von diesen Dimensionen überhaupt keine Ahnung zu haben oder sie zu ignorieren. Sie pochen lieber unbeirrt auf der europäischen Solidarität in Fragen der Flüchtlingsverteilung und faseln von Ursachenbekämpfung. Dabei hätten Sie, wie bereits skizziert, die desolate Lage in den Flüchtlingslagern längst entschärfen können. Was Afrika anbetrifft, von wo uns ja auch unzählige Wirtschaftsflüchtlinge erreichen, hätten Sie und Ihre Kollegen in der EU längst gegensteuern können. Und was passiert? In einem Artikel mit der Überschrift *„EU verspricht Geld* *für die Flüchtlinge und zahlt nicht"* vom 14.10.15 berichtet DIE WELT:

„Im Kampf gegen die Flüchtlingskrise haben die EU-Staaten die zugesagten Zahlungsverpflichtungen bisher weit verfehlt. In hohen EU-Kreisen hieß es, "die beim Brüsseler Flüchtlingssondergipfel im September für das Treffen der EU-Staats- und Regierungschefs am Donnerstag vereinbarten Zahlungen seien bei Weitem nicht geflossen." So gebe es bisher anstelle der zugesagten 1,8 Milliarden Euro für den Nothilfe-Treuhandfonds für Afrika zur Bekämpfung von Fluchtursachen lediglich Zusagen von 24,3 Millionen Euro – 8,9 Millionen Euro davon kommen allein von den Nicht-EU-Ländern Norwegen und der Schweiz. Deutschland hat bisher, ebenso wie Frankreich, Großbritannien und Österreich, für den Treuhandfonds Afrika überhaupt keine Mittel zugesagt."

Und wer hat den Staaten in West-Afrika die Fischereirechte abgekauft, damit unsere riesigen Trawler dort unkontrolliert fischen können? Warum haben wir bis vor kurzem unser Geflügel als Tiefkühlprodukte nach Afrika verkauft und damit die lokalen Geflügelzüchter arbeitslos gemacht? Warum subventioniert die EU immer noch Milchexporte in alle Welt, und vernichtet auch in diesem Bereich die örtlichen Produzenten, weil sie mit unseren Dumpingpreisen nicht mithalten können? Warum unterstützen wir seit Jahrzehnten korrupte und kriminelle Staatsoberhäupter in Afrika und lassen zu, dass sie ihr unterschlagenes Volksvermögen auf westeuropäischen Banken parken können? Das sind nur einige Beispiele für die Verantwortung die wir in Europa für das Elend der Bevölkerung in Afrika zu tragen haben. Und die Krisengebiete Irak und Afghanistan? Auch hier hat der Westen sein Scherflein dazu beigetragen, dass wir dort instabile Verhältnisse vorfinden und die Menschen scharenweise fliehen.

Um nicht den letzten Rückhalt in der Bevölkerung so kurz vor drei Landtagswahlen im März 2016 zu verlieren versuchen Sie jetzt mit ad hoc Änderungen am Asylgesetz die Rahmenbedingungen für Asylsuchende zu verschärfen um sie abzuschrecken. Denn Sie wollen ja auf gar keinen Fall „Obergrenzen" wie von der CSU gefordert, einführen. Mit diesem neuen Gesetz können Sie dann hinterher behaupten: *„Wir haben alles getan um die Situation für Euch liebe Bevölkerung zu verbessern."* Ach ja, und einen speziellen Ausweis sollen Asylbewerber ab sofort erhalten. Hätten Sie den nicht gleich einführen können?

Gleichzeitig fällt Ihnen nichts Besseres ein, als dem Diktator Erdogan Milliarden von Euro auf dem Silbertablett zu servieren, damit er Ihr Problem löst. Wie perfide und menschenverachtend ist das eigentlich? Ein Politiker der Krieg gegen sein eigenes Volk führt, die Medien mundtot macht und unliebsame Konkurrenten einfach ermorden lässt wird jetzt Ihr wichtigster

Partner? Wo sind hier die Maßstäbe der von
Ihnen ständig zitierten „Werte-Gemein-
schaft Europa"? Wer kontrolliert eigentlich, was Herr Erdogan mit unserem Geldse-
gen anstellt? Kurden bombardieren? Wie
können Sie sicher sein, dass das Geld tatsächlich den Flüchtlingen in der Türkei
zugute kommt? Unglaublich!

Als sich aufgrund des Chaos vor Ort Bür-
germeister, Landräte und Parteimitglieder
der CDU zu Wort melden, werden Sie in regelmäßigen Abständen von Ihrem Fraktions-
vorsitzenden Kauder unverfroren abgekan-
zelt. Ihre Vize Klöckner rät dann offensichtlich auch schon mal Kollegen *Einfach
die Klappe zu halten"*. Freie Meinungsäuße-
rung oder Kritik scheinen nicht die Kern-
marke Ihrer Partei zu sein. Tja, so sieht
es eben aus, wenn die Nerven blank liegen
und man eine Situation nicht mehr im Griff
hat. Nur zugeben, dass Sie die Situation
falsch eingeschätzt, Warnungen ignoriert
haben, und das Ganze nicht professionell
organisiert war, das würden Sie nie. Dabei

ist es allzu offensichtlich, dass sämtliche personell unterbesetzten Behörden total überfordert sind mit der miserabel organisierten aber notwendigen Einzelfallprüfung der Flüchtlinge. Das Bundesamt für Migration und Flüchtlinge (BAMF) kämpft seit Monaten mit hunderttausenden Anträgen, die nur schleppend bearbeitet werden. Glaubt man Medienberichten haben zudem 300.000 bis 400.000 Flüchtlinge bis heute noch nicht einmal einen Antrag stellen können.

Auf der anderen Seite werden Pegida-Demonstranten pauschal in die rechte Ecke gestellt. Selbstverständlich sind auf diesen Veranstaltungen aggressive und rassistische Dumpfbacken, von denen ich mich frage, wieso die nicht schon längst juristisch belangt wurden. Aber alle Teilnehmer auf diese Weise zu disqualifizieren damit machen Sie es sich zu einfach. Es ist das Ohnmachtsgefühl einer gesellschaftlichen Schicht, die mit den Ereignissen in weiten Teilen schlichtweg überfordert ist. Diese

Entwicklung ist das Ergebnis Ihres selbstherrlichen Handelns. Sie haben es von Anfang an versäumt die Bevölkerung in Ihre Entscheidung einzubinden und mitzunehmen. Aber was hätten Sie denn auch sagen sollen? Dass Sie keinen Plan haben? Sie haben einfach Tatsachen geschaffen, deren Konsequenzen die Menschen vor Ort hautnah spüren.

Es ist auch das Ergebnis Ihrer fehlenden Empathie gegenüber der sozialen Schieflage in unserem Land. Finden Sie es eigentlich nicht beschämend dass in diesem reichen Land jedes fünfte Kind unter der Armutsgrenze lebt? Allzu gerne preisen Sie in Reden *„Die Würde des Menschen als höchstes Gut"*. Aha. Und wie sieht es mit diesen Fakten aus: akute Wohnungsnot vor allem für junge Familien in Ballungsgebieten, ganze Straßenzüge in Großstädten werden „entmietet", damit dort von Investoren lukrative Eigentumswohnungen geschaffen werden können, zunehmende Altersarmut, steigende Obdachlosigkeit, Suppenküchen und

Tafeln, die den Bedarf kaum noch decken können, eine ständig sinkende Gesundheitsversorgung durch die Umwandlung des Gesundheitswesens in Wirtschaftsunternehmen, eine wachsende Bildungsungerechtigkeit, radikale Verschlankung der staatlichen Verwaltung vor allem bei Polizei, Justiz und Behörden, eine steigende Zahl von Aufstockern, die trotz Vollzeitjob kein ausreichendes Einkommen haben, den höchsten Anteil prekärer Arbeitsverhältnisse in der EU (das sind dann die Menschen in Altersarmut von morgen!)und nicht zu vergessen die Aushöhlung des Arbeitsschutzes sowie eine dramatische Spreizung der Einkommen und Vermögen. Wie würdevoll finden Sie diese Zustände? Wobei man der Ehrlichkeit halber dazu sagen muss, dass einige dieser unzumutbaren Arbeitsverhältnisse vom Staat selbst zu verantworten sind. Denken wir nur an Lehrer, die heutzutage befristete Arbeitsverträge erhalten und sich dann zu den Ferien regelmäßig arbeitslos melden müssen. Und gleichzeitig präsentiert man uns frisierte Arbeitslosenzahlen die ja de facto nicht bei knapp 3 Millionen liegen sondern rund 5 Millionen betragen.

So, und auf dieses Deutschland trifft die von Ihnen zu verantwortende Flüchtlingswelle von mehr als 1 Million Menschen. Da wundern Sie und Ihre Kollegen in Berlin sich, dass die Menschen Zukunftsängste haben, auf die Straße gehen oder die AfD wählen wollen? Da sollen, wie jüngst geschehen, in dem 600 Einwohner-Ort Seeth in Schleswig-Holstein per Order Mufti 4.000 Flüchtlinge einquartiert werden. Glauben Sie allen Ernstes, dass eine so kleine Gemeinde über die Infrastruktur für so viele Neubürger verfügt? Und wer stellt das notwendige Personal für Betreuung und Integration? Das ist nur eines von vielen Beispielen quer durch die Republik.

Auch das Thema Kriminalität der Flüchtlinge wurde lange von der Politik unter dem Deckel gehalten. Es sollte bloß nichts nach draußen dringen. Als wenn nur hunderttausende Gut-Menschen zu uns gekommen wären. Jetzt allmählich trauen sich immer mehr Polizeipräsidenten die Fakten auszusprechen. Auch mit dieser Strategie haben Sie sich einen Bärendienst erwiesen. In Köln jagt jetzt die Staatsanwaltschaft den „Maulwurf" bei der Polizei, der die katastrophalen Zustände in der Silvesternacht publik gemacht hat. Ja, haben wir sonst nichts zu tun? Aber vielleicht war geplant, dass wir überhaupt nichts über diese unglaublichen Zustände erfahren sollen.

Hätte die Öffentlichkeit von Anfang an nüchtern und sachlich erfahren, dass es unter den Flüchtlingen selbstverständlich genauso Kriminelle gibt wie in unserer Bevölkerung hätten Sie den Rechten viel früher Argumente entziehen können. Jetzt glaubt der harte Kern von Pegida und AfD natürlich nicht mehr, wenn gesagt wird, dass der prozentuale Anteil an Kriminalität proportional nicht gestiegen sei. Und nachdem das Flüchtlingserfassungssystem ja gnadenlos versagt hat, können diese kriminell gewordenen Flüchtlinge, wenn sie von der Polizei gefasst werden, noch nicht einmal einwandfrei zugeordnet werden. Entweder, wie in Köln passiert, haben diese Personen gleich mehrere Asylantenpapiere bei sich oder ihre Herkunft lässt sich überhaupt nicht klären. Das ist Staatsversagen in Reinkultur.

Diese Gemengelage trifft jetzt auf eine Bevölkerung, die in weiten Teil schon aus wirtschaftlichen Gründen verunsichert ist. Globalisierung, Miss-Management in den Unternehmen, ein ungebremster Turbo-Kapitalismus sowie die voranschreitende Digitale Transformation mit der damit einhergehenden Disruption der industriellen Landschaft stellen nicht nur unser Land vor riesige Zukunftsprobleme. Selbst der Mittelstand kann sich heute seiner Sache nicht mehr sicher sein. Es gab noch nie so viele junge, gut ausgebildete Menschen die lediglich schlecht bezahlte Praktika-Jobs erhalten, junge Menschen mit befristeten

Arbeitsverträgen die das Thema Zukunftsplanung für sich abgehakt haben.

In dieses Szenario katapultieren Sie tausende von ungebildeten Flüchtlingen, die, wenn überhaupt, Jahre brauchen werden, um in den Arbeitsmarkt vermittelt werden zu können. Hessen meldete gerade, dass rund 80% dieser jungen Männer entweder überhaupt keinen Schulabschluss haben oder ihnen zumindest eine Berufsausbildung fehlt. Sie fordern von der Gesellschaft Solidarität die Sie mit Ihrer neoliberalen Politik längst selbst entsolidarisiert haben.

Und die Integration? Seit Jahrzehnten fehlen hierfür Strukturen und ein durchgängiges Konzept. Das Ergebnis sind bereits heute Ghettos in Ballungsgebieten, in die sich teilweise noch nicht einmal die Polizei traut. Auf diesem Fundament wollen Sie jetzt eine Million Menschen mit einer völlig anderen Kultur integrieren? Wie das funktionieren soll haben Sie uns natürlich bisher auch noch nicht erklärt. Warum auch.

So, und wo stehen wir aktuell Ende Februar 2016 mit der Flüchtlingskatastrophe? Die Balkan-Staaten und Österreich riegeln nach gemeinsamer Absprache ihre Grenzen ab. Tausende von Flüchtlingen stauen sich mittlerweile in Griechenland. Hier bahnt sich also die nächste Katastrophe an. Und als Top-Meldung erfahren wir, dass jetzt die NATO die europäische Grenzsicherung durch einen Einsatz in der Ägäis sicherstellen soll. Für 2016 werden bereits weitere 1 Million Flüchtlinge für Europa prognostiziert.

Ihre besonderen Beziehungen zu den USA

Unglaublich ist auch das, was Sie sich in Sachen USA-Hörigkeit leisten. Damit haben Sie ja bereits lange vor Ihrer Kanzlerschaft angefangen. Im Februar 2003 sind Sie als Oppositionsführerin in die USA geflogen um die amerikanische Regierung in vorauseilendem Gehorsam Ihrer ausdrücklichen Zustimmung zu dem mittlerweile als Kriegsverbrechen entlarvten Irak-Krieg von Georg W. Bush jr. gegen Saddam Hussein zu versichern. Dieses Vorgehen war ein unglaublicher Affront gegenüber der amtierenden Regierung. Keiner Ihrer Vorgänger, egal welcher Partei, hätte sich jemals erlaubt die eigene Regierung im Ausland anzugreifen. Ein absolutes „No go".

Vor Ihrer Reise in die USA schrieben Sie im Februar 2003 in der Washington Post einen Namensartikel unter der Überschrift *"Schröder spricht nicht für alle Deutschen"*. In diesem Zusammenhang haben Sie allerdings vergessen zu erwähnen dass die Mehrheit der Deutschen sehr wohl hinter der Entscheidung von Gerhard Schröders Ablehnung des Krieges stand und bereits zu diesem Zeitpunkt eine Horde von Kriegstreibern in Washington an der Macht sah. Ferner ließen Sie verlauten,

„dass die Gefahr durch den Irak nicht fiktiv sondern real sei. Europa müsse seiner Verantwortung gerecht werden, indem es mit den USA zusammenarbeite".

Ach ja? Und welche Gefahr bestand 2003 für die USA und Deutschland vom Irak? Dazu haben Sie sich, wie es Ihre Art ist, natürlich nicht geäußert. Außerdem verstiegen Sie sich zu folgender Aussage:

„Die europäische Geschichte des 20. Jahrhunderts lehre, dass militärische Gewalt zwar nie die Fortsetzung der Politik mit anderen Mitteln sein könne – aber als

„*letztes Mittel, mit Diktatoren umzugehen niemals auch nur in Frage gestellt werden dürfe*".

Klarer hätten Sie der von den Neocons in den USA entwickelten Präventivschlags-Doktrin nicht zustimmen können. Mit anderen Worten: Wenn uns einer nicht passt dann knallen wir den eben ab. Tolle Idee! Abschließend aus Ihrem Artikel noch ein Zitat:

"Verantwortliche politische Führung darf niemals den wirklichen Frieden der Zukunft gegen den trügerischen Frieden der Gegenwart eintauschen."

Millionen Iraker werden sich für diese Einschätzung bei Ihnen bedanken!

Im Wahlkampf 2009 haben Sie dann alles getan um das Thema des Irak-Krieges aus der Diskussion herauszuhalten und die Deutschen ja nicht daran zu erinnern, dass Sie sich ein paar Jahre zuvor noch als übereifrige Befürworterin in Washington zu Wort gemeldet haben. Sie haben sich noch nicht einmal zu einem sonst vor Wahlen durchaus üblichen Kurzbesuch in die USA getraut, um ja keine Erinnerungen an das unsägliche amerikanische Kriegsverbrechen und Ihre unverhohlene Zustimmung zu wecken. Tot schweigen eben, was ja eine andere Spezialität von Ihnen ist.

Obwohl der frühere amerikanische Außenminister Colin Powell bereits 2005 in mehreren Interviews zugab, dass es ein schrecklicher Fehler war, dass er im Februar 2003 vor den UN gelogen und getürkte Unterlagen über die angeblichen chemischen und biologischen Waffen des Irak präsentiert hatte, scheuten Sie nicht davor zurück, den entlarvten Kriegsverbrecher Georg W. Bush jr. im Sommer 2006 zu einem Grillfest in Ihren Wahlkreis   Stralsund-Nordvorpommern-Rügen einzuladen. Die schlappen 12 Mio. Euro für dieses Grillfest wurden dann mit der lapidaren Begründung *„wichtiger Akzent unserer Außenpolitik"* vom Tisch gewischt. Dass das Grillfest zwei Monate vor der Landtagswahl stattfand war natürlich purer Zufall. Auf jeden Fall gab es mal wieder tolle Fotos! Merkel im Kreis der ganz Großen!

„Ihre bedingungslose Gefolgschaft gegenüber einer neoliberalen US-Politik hat Deutschland und Europa in eine schwere Krise gestürzt" so der Hamburger Ökonom Reinhard Crusius zu Ihrem Verhalten. Und Recht hat er. Das setzt sich bei der Ukraine-Krise nahtlos fort. Bereits im Mai 2015 meldete der SPIEGEL:

„Dass der russisch-amerikanische Warenaustausch 2014 um sechs Prozent zugelegt hat, während der Handel mit den EU-Staaten im gleichen Zeitraum um fast zehn Prozent eingebrochen sei und sich in den ersten beiden Monaten des Jahres 2015 noch einmal

um ein Drittel gegenüber dem Vorjahres-
zeitraum geschrumpft sei."

Also, die USA verhängen Sanktionen gegen Russland und verdonnern die EU dazu gefälligst mitzumachen, während sie selbst ungeniert ihren Handel mit dem boykottierten Russland ausbauen! Das nenne ich Partnerschaft und Freundschaft in Reinkultur Frau Merkel! Sie weigern sich nach wie vor vehement, dass die Sanktionen aufgehoben werden! Sehenden Auges schauen Sie zu, wie unsere Unternehmen Milliardenaufträge an amerikanische und chinesische Wettbewerber aufgrund der Sanktionen verlieren! Aber diese Vasallentreue wurde ja bereits 2011 von Ihrem Freund Barack Obama mit der „Medal of Freedom" belohnt. Da kann man ja ein paar Jahre später großzügig sein, selbst wenn es das eigene Land teuer zu stehen kommt.

Warum sind Sie eigentlich bei Ihrer „Partner-Wahl" nicht konsequent? Wenn Sie Putin für einen Despoten halten den man boykottieren muss, dann dürften Sie Saudi-Arabien wohl erst recht keine Waffen liefern. Sie und die EU-Kommission sind empört, dass Polen fragwürde Gesetzesänderungen vorgenommen hat. Warum haben Sie sich dann nicht alle auch mit der gleichen Vehemenz zu Wort gemeldet als Ihr Parteifreund Rajoy im Sommer 2015 in Spanien das Demonstrationsrecht quasi abgeschafft hat und wo ab sofort hohe Geldstrafen gegen Bürger, die prügelnde Polizisten fotografieren, verhängt werden können?

Ihre kritiklose Gefolgschaft zu den USA macht selbst dann nicht Halt, als sich herausstellt, dass amerikanische Geheimdienste in großen Stil deutsche Unternehmen ausspioniert haben. So etwas nennt man schlichtweg Wirtschaftsspionage und die ist strafbar. Auch das interessiert Sie nicht. Als sich dann herausstellt, dass die NSA auch Ihr Handy angezapft hat kontern Sie lapidar: *„Abhören von Freunden,*

das ist inakzeptabel, das geht gar nicht."
Ihr Regierungssprecher Seibert legt dann
in der Bundespressekonferenz nach:

Es gelte, "dass jeder Eingriff in die Privatsphäre auch in die Datenselbstbestimmung dem Grundsatz der Verhältnismäßigkeit gehorchen muss und nach Recht und Gesetz vorgehen muss", und weiter: "Das, was uns rechtlich hier in Deutschland leitet, das muss auch bei allem gelten, was von anderen hier getan wird".

Interessant. Natürlich wurde von niemandem in diesem Zusammenhang erwähnt, dass bereits Konrad Adenauer den USA weitgehende Schnüffelpraktiken ausdrücklich erlaubte. Dieses geheime Abkommen gilt bis heute – nachzulesen in dem Buch des Historikers Josef Foschepoth „Überwachtes Deutschland". Also wieder einmal Verdummung und Nebelkerzen für das Volk, dem man eine wohl dosierte Empörtheit vorspielte.

Haben Sie Ihren amerikanischen Freunden eigentlich einmal klar gemacht, dass wir die Entstehung des sogenannten Islamischen Staates (IS) und damit nicht zuletzt die Zuspitzung im Syrienkonflikt dem totalen Versagen der amerikanischen Administration im Irak zu verdanken haben? Es waren die Amerikaner die nach dem Irak-Krieg darauf bestanden haben, dass der korrupte Schiit Nuri-al-Maliki Staatsoberhaupt wird. Auf Drängen der Amerikaner wurden dann die Sunniten von Anfang an nicht an dem politischen Aufbau des Irak beteiligt. Die Amerikaner sahen in ihnen ausschließlich Anhänger von Saddam Hussein, die es zu bekämpfen galt. Folglich wurden auch sunnitische Militärs nicht in die neue Armee integriert. Und so ist es nicht überraschend, dass die brillantesten Köpfe der militärischen IS-Führung aus ehemaligen Hussein-Militärs bestehen. Der Irak ist de facto gespalten. Im Norden die Sunniten – im Süden die Schiiten und in der Mitte eine Art Nichts, wie es Colin Powell in einem TV-Interview bereits 2005 beschrieb.

Aber Sie schaffen in Ihren besonderen USA-Beziehungen ja noch ganz andere Tatsachen. Im Koalitionsvertrag von Union und FDP 2009 hatten Sie den Abzug der Atomwaffen aus Büchel zugesagt. Im März 2010 hatte das Parlament mit breiter Mehrheit beschlossen *„die Bundesregierung solle sich gegenüber den amerikanischen Verbündeten mit Nachdruck für den Abzug der US-Atomwaffen aus Deutschland einsetzen"*. Wann Frau Merkel haben Sie mit den Amerikanern eigentlich darüber ernsthaft verhandelt? Trotz dieses eindeutigen Auftrags des Parlamentes werden seit dem Herbst 2015 auf dem Bundeswehr-Fliegerhorst Büchel in Rheinland-Pfalz die Vorbereitungen für die Stationierung neuer amerikanischer Atombomben getroffen. Wann hat Sie unser Parlament beauftragt den USA die Stationierung zusätzlicher Atombomben zuzusagen?

Für über 100 Millionen Euro wird in den kommenden Jahren der Fliegerhorst Büchel modernisiert, damit 20 modernste Nuklearwaffen (taktische Nuklearwaffen vom Typ

B61-12) stationiert werden können, die zusammen die 80fache Sprengkraft der Hiroshima-Bomben haben. Im Ernstfall sollen dann deutsche Tornado-Piloten im Rahmen der NATO-Strategie der sogenannten „Nuklearen Teilhabe" (schon das Wort „Teilhabe" ist perfide) Angriffe mit den US-Bomben fliegen. Noch einmal zum Mitschreiben: Deutsche Soldaten fliegen im Ernstfall amerikanische Atombomben in die Zielgebiete! Empörend ist in diesem Zusammenhang, dass Sie diese „Nukleare Teilhabe" hätten ablehnen können, so wie es Kanada und Griechenland getan haben. Ist es etwa eine besondere Ehre sich an so einem mörderischen Projekt beteiligen zu dürfen? Sie riskieren es lieber mit Ihrem auf Sicht gefahrenen Kurs Deutschland wieder ins Zentrum dieses Aufrüstungswahnsinns zu treiben. Denn die Reaktion der Russen scheint ja laut ZDF-Sendung Frontal 21 nicht lange auf sich warten zu lassen. Die denken bereits darüber nach an der polnischen Grenze Kurzstrecken-Raketen zu stationieren. Glückwunsch!

Damit befinden wir uns wieder im Stadium von vor 1968. Jenem Jahr in dem der sogenannte Atomwaffensperrvertrag von USA, Russland und Großbritannien sowie 1992 auch von China und Frankreich unterzeichnet wurde. Die Bundesrepublik Deutschland unterzeichnete den Atomwaffensperrvertrag übrigens am 28. November 1969! Die Artikel I und II dieses Vertrages *verbieten die Weitergabe oder Annahme der unmittelbaren oder mittelbaren Verfügungsgewalt über Atomwaffen.* In der Druckschrift Einsatz Nr. 03 von Verteidigungsminister Franz Josef Jung vom Juni 2008 *„Humanitäres Völkerrecht in bewaffneten Konflikten"*, heißt es:

„Insbesondere der Einsatz folgender Kampfmittel ist deutschen Soldaten bzw. Soldatinnen in bewaffneten Konflikten verboten: Antipersonenminen, atomare Waffen, bakteriologische Waffen und chemische Waffen (z.B. Giftgas)."

Muss man das noch kommentieren? Die einzige Frage die mich in diesem Zusammenhang umtreibt ist: Können Sie eigentlich noch ruhig schlafen bei dem Gedanken, dass eventuell ein gewisser Donald Trump der nächste Präsident der USA wird, der dann natürlich auch den Knopf für diese Atomwaffen haben wird? Aber um diesem Gedanken folgen zu können müssten Sie ja über die Ihnen fehlende Weitsicht verfügen.

Auch beim Thema TTIP stellt sich die Frage wie souverän Deutschland eigentlich noch ist. Wieso geben die USA den Tenor in diesen Verhandlungen vor? Die 28 EU-Mitgliedsstaaten hatten Ende 2015 rund 508 Millionen Einwohner – die USA lediglich geschätzt 321 Millionen Einwohner. Mit welchem Recht bestimmen die USA die Bedingungen zu denen deutsche Bundestagsabgeordnete die TTIP-Dokumente lesen dürfen? Zunächst wurden sie in der amerikanischen Botschaft in Berlin deponiert und nur ausgewählte Personen durften mal kurz reinschauen. In Brüssel wurde ein sogenannter

Leseraum eingerichtet, in dem, glaubt man deutschen EU-Abgeordneten *„ein Lesen wie unter Gefängnisbedingungen"* stattfindet. Seit Februar 2016 dürfen die deutschen Abgeordneten in einem speziell dafür hergerichteten Lesesaal im Bundeswirtschaftsministerium unter Aufsicht die englischen Dokumente lesen. Den Abgeordneten stehen dann maximal zwei Stunden zum Studieren komplizierter englischer Texte zur Verfügung! Selbst jemand der im Schnelllesen geübt ist wird es nicht schaffen die vielen laufenden Meter Ordner in zwei Stunden zu lesen.

Außerdem, und dass ist eine bodenlose Frechheit der Verhandlungspartner EU-Kommission und USA, dürfen diese Abgeordneten hinterher mit niemandem darüber sprechen. Also, ein deutscher Abgeordneter hat somit keine Möglichkeit, zum Beispiel einen Fachmann zu einem bestimmten Sachverhalt zu befragen um das Gelesene besser beurteilen zu können. Er kann auch niemanden, der vielleicht besser Englisch versteht fragen. Nichts! Absolutes Stillschweigen! Ansonsten drohen disziplinarische und/oder strafrechtliche Maßnahmen. Begründung: Es wurden schon zu viele Details an die Öffentlichkeit gebracht. Ja natürlich! Aufgrund dieser nicht erlaubten Veröffentlichungen konnten ja bereits einige Ungeheuerlichkeiten im Entwurf entschärft werden. Das ganze Verfahren ist nicht nur lächerlich es ist auch zutiefst demokratiefeindlich. Die EU-Kommission und auch einige deutsche Abgeordnete verweisen gerne darauf, dass man ja auf den Internetseiten der EU die Dokumente lesen könne. Ja, das habe ich getan. Nur, was dort veröffentlicht ist, sind Absichtserklärungen mit „könnte", „würde" sonst nichts.

Übrigens, dieses Lesesaal-Prinzip stammt natürlich auch aus den USA. Dort dürfen handverlesene Abgeordnete und Lobbyisten schon seit langem die Dokumente lesen und müssen schweigen. Das wird vor allem den Lobbyisten nicht sehr schwer fallen. Die nicht handverlesenen Abgeordneten, Umweltschützer oder Menschenrechtler haben das Nachsehen.

Dass unter solchen Umständen die Widerstände in der Bevölkerung europaweit zunehmen ist nicht verwunderlich. So wurden bisher europaweit weit mehr als 3 Millionen Unterschriften der Bevölkerung gegen das Abkommen abgegeben. Campact alleine hat in Deutschland 1,6 Millionen Unterschriften gegen das Abkommen gesammelt. Als Campact Sie Frau Merkel um einen Termin für die Unterschriftsübergabe gebeten hat, ließ Ihr Büro ausrichten, dass Sie zu beschäftigt seien. Man könne die 1,6 Millionen Unterschriften ja per Post an das Kanzleramt schicken! Wie bitte? Im gleichen Zeitraum fanden Sie aber immerhin Zeit genug sich medienwirksam mit George Clooney im Kanzleramt zu treffen! Sind ja auch schönere Bilder als die Unterschriften von 1,6 Millionen deutschen Bürgern entgegenzunehmen, die keine Lust mehr haben für dumm verkauft zu werden! Das ist ein tolles Demokratieverständnis! Herzlichen Glückwunsch dazu!

Und da wir gerade bei Demokratieverständnis sind. Könnten Sie der Bevölkerung einmal erklären, warum es für CETA und TTIP besonderer Gerichte bedarf, um Unstimmigkeiten zwischen Vertragspartnern zu klären? Wozu haben wir hochkarätige Institutionen wie den Europäischen Gerichtshof? Selbst wenn dessen Aufgabe momentan nicht für aus CETA oder TTIP resultierenden Verfahren geeignet ist, was hindert Sie daran, das Aufgabenfeld für dieses Gericht entsprechend zu erweitern? Wozu brauchen wir eine „Hinterzimmer-Gerichtsbarkeit" in Form von sogenannten Schiedsgerichten oder wie auch immer diese Institution am Ende heißen wird wie sie zumindest im CETA-Abkommen unwiderruflich festgeschrieben sind? Dass der Richterbund sich jüngst erst ausdrücklich gegen diese Pseudo-Justiz ausgesprochen hat, interessiert Sie ebenfalls nicht. Sie sind ja schließlich Frau Merkel. Und in diesem Zusammenhang gleich noch die Frage, warum arbeitet Deutschland eigentlich seit 1959 (damals noch als einzige Regierung auf der Welt!) mit Schiedsgerichten, die sich dem normalen juristischen Verfahren mit öffentlicher Verhandlung, staatlich bestellten Richtern sowie Revisionsmöglichkeiten total entziehen?

Im Übrigen stellt sich die Frage, wie der Europäische Rat (Regierungschefs der 28 EU-Mitgliedsstaaten) der EU-Kommission eine Blanko-Vollmacht zum Aushandeln des TTIP erteilen konnte, ohne vorher bereits festzulegen, dass es auch von allen 28 Parlamenten der Mitgliedsländer genehmigt werden muss. Mit taktischen Schachzügen versuchte zuletzt der ehemalige Handelskommissar De Gucht per Gerichtsbeschluss festlegen zu lassen, dass die Parlamente in den einzelnen Mitgliedsstaaten keinerlei Recht auf Abstimmung hätten. Wer hat Sie dazu ermächtigt unseren souveränen, gewählten Bundestag nicht von Anfang an als abstimmungspflichtiges Organ zu installieren? Darüber hinaus ist auch die geplante „Zustimmung" des EU-Parlamentes eine Farce, denn die Abgeordneten haben keine Chance einzelne Passagen des Abkommens nachzubessern. Sie können lediglich komplett ablehnen oder annehmen. Nennen Sie das noch Demokratie Frau Merkel?

Übrigens, bis heute haben weder Sie noch Ihre Minister uns Bürgern fundiert und ehrlich erklärt, warum es überhaupt dieses Abkommen, das in geheimen Treffen ausgehandelt wird, geben muss. Wenn die Wirtschaft die Normen vereinheitlichen will kann sie das doch tun. Wenn wir die Zölle abschaffen wollen, dann hätten wir das doch längst tun können. Der Mitteldeutsche Rundfunk berichtet im Oktober 2015 über die top secret gehaltenen Verhandlungsteilnehmer folgendes:

„Auf Anfrage der lobbykritischen Nichtregierungsorganisation Corporate Europe Observatory (CEO) hat die EU eine Liste von

Treffen mit 130 Interessensvertretern zu den TTIP-Verhandlungen veröffentlicht. 93 Prozent der Treffen fanden demnach zwischen Januar 2012 und April 2013 mit Großkonzernen und deren Lobbygruppen statt."

Und wer vertritt die Interessen von rund 508 Millionen Bürgern in Europa die von diesem Abkommen betroffen sein werden?

Monatelang hat man versucht uns zu verkaufen, dass bei uns hunderttausende von Arbeitsplätzen geschaffen werden. Die EU-Kommission beruft sich dabei gerne auf ein angeblich unabhängiges Gutachten. Zitat:

"Einem unabhängigen Bericht zufolge könnte ein ambitioniertes Abkommen Unternehmen Ersparnisse in Millionenhöhe bescheren und hunderttausende neue Arbeitsplätze kreieren. Nach vollständiger Umsetzung dieses Abkommens wird ein jährliches Wirtschafts-

wachstum von 0,5% BIP (oder €120 Milliarden auf Jahresbasis) und damit ein jährliches Zusatzeinkommen von €545 für den durchschnittlichen EU-Haushalt erwartet."

Wie bitte? Unabhängiges Gutachten? Das Gutachten wurde von der EU-Kommission in Auftrag gegeben! Erst seit eine wirklich unabhängige Studie vom Global Development and Environment Institute an der amerikanischen Tufts-Universität im Oktober 2014 veröffentlicht wurde, ist das Thema aus dem Vokabular der Politiker verschwunden. Die Studie spricht ausdrücklich von Europäischer Desintegration, Arbeitslosigkeit und Instabilität, die ausschließlich Europa treffen wird. Also ein verheerendes Szenario für Europa. Die einzigen, die von TTIP profitieren werden sind neben dem Kapitalmarkt, Konzerne, Investoren sowie exportorientierte Unternehmen und die USA.

(Das Gutachten steht im Internet unter: http://ase.tufts.edu/gdae/Policy/research/ TTIP_simulations.html)

Was wir zu erwarten haben zeigen ja die mittlerweile bekannten Auswirkungen des Freihandelsabkommen Nafta zwischen Kanada, Mexiko und den USA, welches 1994 unterzeichnet wurde, auf Mexiko. Zum 20jährien Nafta-Jubiläum veröffentliche die taz einige Ergebnisse dieses Abkommens:

„Statt neue Arbeitsplätze zu schaffen vernichtete Nafta rund 700.000 Jobs in den USA (Washingtoner Thinktank Economic Policy Institute)".

Schon zur zehnjährigen Bilanz des Abkommens hatte die Weltbank in einer Studie zugegeben so der taz-Artikel:

„... dass auch in Mexiko die Entwicklung seit dem Nafta-Start nicht gerade bemerkenswert gewesen sei. Zwar hätten die Exporte zugenommen, aber das Lohnniveau habe sogar noch unter dem Stand von 1994 gele-

gen, die Zahl der unter der Armutsgrenze lebenden Mexikaner steige stetig an."

Weiter die taz:

„Hat also irgendjemand etwas durch Nafta gewonnen? Die Antwort lautet: ja, Investoren und Konzerne. Ziel des Abkommens ist nämlich neben dem Abbau von Zöllen und anderen Handelsbarrieren auch der Schutz von Auslandsinvestoren vor Enteignungen und anderen Willkürakten des jeweiligen Gastlandes. Wozu das führt, zeigte als Erstes die Ethyl Corporation: Das US-Unternehmen hatte die kanadische Regierung 1997 vor einem Nafta-Schiedsgericht auf Schadenersatz verklagt, weil das kanadische Importverbot von Benzin mit dem giftigen Zusatzstoff MMT einer Enteignung gleichkomme. Kanada hob darauf das Verbot auf und zahlte im Rahmen eines Vergleichs eine Millionenentschädigung."

Und weiter:

„Solche Investorenklagen hat es seither viele gegeben. Erst 2012 forderte etwa die US-Firma Lone Pine von der kanadischen

*Provinz Quebec 250 Millionen US-Dollar
Entschädigung wegen eines Fracking-Mora-
toriums."*

So, Frau Merkel, Sie und Ihre EU-
Kommissare wollen uns also verkaufen, dass
TTIP uns eine wunderbare neue Wirtschafts-
welt eröffnen wird? Uns wird genau das
Gleiche wie den Mexikanern passieren! Vor
einigen Jahren versuchte die EU-Kommission
eine Privatisierung der Wasserversorgung
durchzusetzen. Das wurde dann auf Eis ge-
legt. Mit TTIP ließe sich das jetzt ganz
wunderbar umsetzen. Nicht wahr? Sie müssen
die Bevölkerung ja wirklich für dumm halten! Nur, das Ergebnis Ihrer Taktik ist,
dass nur noch 25% der Deutschen hinter
diesem Wahnsinn stehen. Und selbst in der
amerikanischen Bevölkerung regt sich zu-
nehmender Wiederstand. Aber, wie gesehen,
das Volk ist Ihnen doch egal.

Europäische Union

Noch nie in ihrer kurzen Geschichte hat sich die Europäische Union in so einem desolaten Zustand befunden wie im Jahr 2016. Die Ursachen hierfür sind vielschichtig. Zum einen wurde die EU viel zu schnell erweitert. Denken wir nur an jene Staaten, die erst vor rund zwanzig Jahren ihre Unabhängigkeit von der Sowjetunion erreicht haben. Diese Länder mussten und müssen immer noch für sich herausfinden, wie Demokratie und eine freie Marktwirtschaft funktionieren. So verständlich deren Wunsch nach einem schnellen EU-Beitritt schon aus wirtschaftlichen Gründen war, alle maßgeblichen Politiker hätten ahnen können, dass die mit diesem Beitritt verbundenen Auflagen und Vorschriften in den Verträgen, mit denen die Mitgliedsländer der EU-Kommission weitgehende Zuständigkeiten zugesprochen haben, dem Bestreben nach einer eigenen nationalen Identitätsfindung zuwider läuft. Erschwerend kommt noch hinzu, dass es in vielen dieser Länder nach wie vor eine ausgeprägte Korruption sowie eine unzureichende Kriminalitätsbekämpfung gibt.

Dann haben Sie Frau Merkel mit Ihrem Auftreten in Brüssel begleitet von dem unsäglichen Satz von Herrn Kauder: *„Auf einmal wird in Europa Deutsch gesprochen"* während der Euro-Krise dafür gesorgt, dass wir wieder als das wahrgenommen wurden, was wir in der Vergangenheit bereits mehrfach war: Ein selbstherrliches, besserwisserisches Land, das ganz Europa dominiert: „am deutschen Wesen sollt ihr genesen", diesen Spruch gab es schon einmal. Dass Deutschland in der Vergangenheit mehrfach die Defizitkriterien überschritten hat, kein Wort davon. Gekonnt wurde uns dann eine Empörtheit über die finanzielle und wirtschaftliche Schieflage in Griechenland, Spanien, Portugal und Italien vorgespielt. Dabei wussten Sie doch alle, dass genau das mit der Einführung des Euro passieren würde. Man musste kein Wirtschaftswissenschaftler sein, um zu ahnen, dass es nicht funktionieren kann, 2002 einfach eine Währung über so viele unterschiedliche Volkswirtschaften zu stülpen. Im Übrigen gab es genügend Warnungen von Fachleuten, dass genau das passieren würde. Wie viele Millionen Lire benötigte man in Italien, um ein paar gute Schuhe zu kaufen? Wie viele Tausend Peseten kostete ein Einkauf im Supermarkt in Spanien? In der Vergangenheit konnten diese Länder ihre wirtschaftliche Situation durch eine Währungsauf- oder Abwertung einigermaßen ausgleichen. Mit der Einheitswährung blieb ihnen diese Möglichkeit verwehrt. Und dass Griechenland schon immer mit gefälschten Bilanzen operierte wusste auch jeder in Europa, der es wissen wollte. Warum also das gespielte Entsetzen als offenbar wurde, dass diese Schieflage dramatische Dimensionen angenommen hatte?

Und alles, was der EU-Kommission als Gegenleistung für Kredite einfällt ist eine dramatische Kürzung der Sozialleistungen und Renten sowie die Privatisierung von

Flughäfen, Häfen usw. zu verlangen. Dabei hätten gerade Sie wissen müssen, was bei dieser Privatisierung passiert. Die Privatisierung der Krankenhäuser in Deutschland ist ein warnendes Beispiel, denn den Investoren geht es nicht um die Gesundheit der Menschen. Gewinnmaximierung um jeden Preis. Auch um den Preis, dass die Patientensicherheit auf der Strecke bleibt und durch eine gnadenlose Personalreduzierung unerträgliche Arbeitsbedingungen für das medizinische und pflegende Personal entstanden sind. Aber vermutlich haben Sie auch das bis heute nicht registriert.

Dass dabei als Folge, junge gut ausgebildete Spanier, Portugiesen oder Griechen fluchtartig ihr Land verlassen haben, wo sie doch für den Neuaufbau in ihren Ländern dringend benötigt worden wären, wen kratzt das? Dass sich die Armut in diesen Ländern drastisch erhöht hat genauso wie die Arbeitslosigkeit, die vor allem bei jungen Menschen 40%, 50% beträgt, wen kümmert das schon? Und um das Ganze noch zu toppen installiert die EU eine sogenannte Troika bestehend aus Vertretern von EU-Kommission, EZB und IWF, die als Aufpasser in regelmäßigen Abständen vor Ort kontrollieren, ob die Vorgaben aus Brüssel eingehalten werden. Wobei dazu gesagt werden muss, dass es für diese Troika in den EU-Verträgen bisher keine rechtliche Grundlage gibt.

So, und uns Deutschen wird natürlich verkauft, dass unsere Regierung doch sehr großzügig ist, indem sie Milliarden Steuergelder in diese Länder pumpt. Es wird sogar von einigen Politikern suggeriert, dass die Bevölkerung dieser Länder im Prinzip selbst Schuld sei an diesem Desaster da sie schlichtweg zu faul seien. Außerdem wird so getan, als ob diese Milliarden der Bevölkerung zugute kämen, was ja de facto auch nicht stimmt. Mit unseren Steuergeldern sind lediglich in erster Linie die Forderungen deutscher und französischer Banken bedient worden. Aber darüber sprechen Sie natürlich nicht so gerne. Den vom IWF vorgeschlagen Schuldenschnitt für Griechenland lehnen Sie kategorisch ab. Dabei ist heute schon abzusehen, dass Griechenland seine Schulden niemals zurückzahlen kann. Vor allem dann nicht, wenn die Regierung das Land durch die von der EU-Kommission verlangten Reformen, die ebenfalls Geld kosten, komplett umkrempeln soll. Fachleute haben den Vorschlag eines Marshall-Plans für Griechenland gemacht. Auch das trifft auf Ihre grundsätzliche Ablehnung. Dabei wissen gerade wir Deutschen, dass wir ohne diesen Marshall-Plan nach dem Zweiten Weltkrieg niemals so schnell wieder auf die Füße gekommen wären. Dieses Verhalten vor dem Hintergrund, dass die Katastrophe ja absehbar war, ist einfach schäbig und unvernünftig zugleich.

Man muss kein Psychologe sein um sich vorstellen zu können, welchen bleibenden Eindruck Ihr Auftreten in Brüssel in dieser ganzen Zeit bei den übrigen 27 Mitgliedsstaaten hinterlassen hat. Und als es jetzt

zur Flüchtlingskrise gekommen ist, bei der
Sie wieder einmal selbstherrlich bestimmt
haben wo es langgeht, wundern Sie sich,
dass man Ihnen die Gefolgschaft versagt?

Parallel zu dieser Entwicklung hat die EU-
Kommission in den vergangenen Jahren Verordnungen erlassen, die den Bürger sprach-
los machen. Noch immer bestehen für 10
Obst- und Gemüsearten Verordnungen, die
genau definieren, wie diese Produkte aus-
zusehen haben. So ist es verboten, Äpfel
unter 55 bzw. 65 mm als Tafelobst zu ver-
markten. Kleinfruchtige Aprikosen bedurf-
ten einer Ausnahmegenehmigung! Ja wo leben
wir denn. Kann ich als Verbraucher nicht
alleine entscheiden, ob ich Obst von
Streuobstwiesen oder kleinfruchtige Aprikosen kaufen will?

Die Pizza-Verordnung 509/2006 mit genauen
Vorgaben, wie eine Pizza Napoletana be-
schaffen sein muss, welches Mehl zu ver-
wenden und wie sie herzustellen ist   -

ebenfalls total überflüssig. Die EU-Richtlinie 2001/113/EG definiert zwar, wann sich ein Produkt Marmelade, Konfitüre oder Gelee nennen darf, kümmert sich aber nicht um die für Verbraucher viel wichtigere Frage, wie hoch der Fruchtanteil in diesen Produkten sein muss. Das gleiche gilt für Fruchtjoghurt, in dem sich nur eine einzige Erdbeere befinden muss, der Rest sind künstliche Geschmacksstoffe. Wen interessiert das in Brüssel oder Berlin? Sehenden Auges lassen Sie zu, dass der Verbraucher am Fließband betrogen wird.

Aktuell steht die EU-Kommission kurz davor, das als gesundheitsschädliche eingestufte Glyphosat von Monsanto für weitere 15 Jahre in der EU zuzulassen, da es für die Gesundheit der Bürger nicht schädlich sei. Nicht zuletzt die deutsche Bundesregierung macht in Brüssel Druck, damit uns dieser Giftstoff noch für Jahre erhalten bleibt. Dabei hat die Weltgesundheitsorganisation WHO 2015 vor dem Einsatz von Glyphosat gewarnt, da es vermutlich krebser-

regend ist. Rückstände dieses hoch giftigen Pestizids wurden bereits in mehreren
Lebensmitteln nachgewiesen unter anderem
in Brot. Das Münchner Umweltinstitut hat
in einer aktuellen Untersuchung sogar in
14 Biersorten Spuren von Glyphosat gefun-
den. Der deutsche Brauereiverband wehrt
sich vehement gegen dieses Ergebnis. Es
könne schlichtweg nicht sein. Brauereien
lassen verlauten, dass diese gemessenen
Wert schließlich unterhalb der zugelasse-
nen Grenze lägen. Und es wird kolportiert,
dass der Bürger mindestens 1.000 Liter
Bier trinken müsse, damit es überhaupt
schädlich sein könne. Frau Merkel, haben
Sie immer noch nicht kapiert, dass wir
überhaupt keine Gifte in unseren Lebensmitteln akzeptieren?

Das Gleiche gilt für das PKW-Abgas-
Messverfahren welches noch im Dezember
2015 durch Ihren Druck auf ein für die Au-
tomobilindustrie erträgliches Maß korri-
giert wurde. Dank der Lobbyarbeit von
Herrn Wissmann bei Ihnen? Oder die CO_2-

Emmissions-Grenzwerte aus Kohlekraftwerken, die ebenfalls nicht so stark reduziert wurden, wie vorgesehen. Auch hier spielte Deutschland dank seiner Lobbyarbeit eine unrühmliche Rolle. Wieso kümmert sich die EU-Kommission mehr um das schädliche Rauchen, welches die Bürger ja mittlerweile dank Non-Smoking-Verordnungen vermeiden oder umgehen können, als um das hochgiftige Quecksilber, welches Kohlekraftwerke freisetzen? Einwohner aus der Nähe von Kohlekraftwerken können sich nämlich nicht vor der toxischen Wirkung schützen.

Die Kaffeemaschinen-Verordnung mit der vorgeben wird, wie lange eine Kaffeemaschine den Kaffee warm halten darf sowie Staubsauger- und Glühbirnen-Verordnung sind Beispiele, mit denen die EU-Kommission den Stromverbrauch senken will. Das ist ja prima im Sinne des Klimaschutzes. Nur, wo bleibt eine Richtlinie, die Herstellern endlich vorschreibt, dass sämtliche Haushaltsgeräte oder Smartphones wieder grundsätzlich reparierbar sein müssen anstatt sie wegzuwerfen? Damit würde die EU-Kommission einen wichtigeren Beitrag für die Schonung von Umwelt und Energie leisten.

Auch die undurchsichtige EU-Subventionspolitik kostet uns Steuerzahler Milliarden. So erhielt der Münchner Baywa-Konzern 2010 alleine 13,4 Millionen. Zu den Empfängern zählen aber auch so bekannte Konzerne wie RWE, EON oder der Rüstungskonzern Rheinmetall. Ja sogar die Lufthansa profitiert von dem Subventionswahnsinn. Der Europäische Rechnungshof hat erst 2014 wieder in einem Bericht die sinnlose Milliardenverschwendung für regionale Flughäfen in Europa bemängelt. Ergebnis: Null. Es prallt an allen ab. Der Rechnungshof ist ja auch nur ein „zahnloser Tiger", der keinerlei rechtliche Befugnisse hat.

Erklären Sie uns doch einmal, warum der Pförtner des Europäischen Patentamtes in

München das Doppelte seines deutschen Kollegen beim Deutschen Patentamt drei Straßen weiter verdient? Warum werden die sowieso schon extrem niedrigen Einkommensteuern für die EZB-Mitarbeiter in Frankfurt oder des Europäischen Patentamtes in München nach Brüssel abgeführt und verbleiben nicht wie üblich in dem Land wo sie entstanden sind? Diese Mitarbeiter nutzen die Infrastruktur der Städte, leisten aber keinen Beitrag dafür. Es sind diese unglaublichen, widersinnigen, und offensichtlich mit den jeweiligen Interessensvertretungen abgestimmten Verordnungen und Vorgehensweisen, die die Bevölkerung in ganz Europa auf die Barrikaden bringen. Brüssel ist zu einem Selbstbedienungsladen und zur lukrativen Parkstation für ausgemusterte Politiker geworden. Die wirklich wichtigen Probleme auf diesem Kontinent werden wohlweislich nicht angepackt. Ist das ein Wunder? Nein, denn auf 751 EU-Abgeordnete kommen rund 20.000 registrierte Lobbyisten, die unbeschränkten Zugang zu den Kommissaren und Abgeordneten haben.

Frau Merkel, was einst 1950 von dem französischen Außenminister Robert Schumann durch die Vereinigung der Kohle- und Stahlindustrie von Frankreich und Deutschland als Friedensinstrument nach dem fürchterlichen Zweiten Weltkrieg gedacht war, mutiert unter Ihrer Ägide zu einem Einheitsbrei und Ent-Demokratisierungsmonster. Dass es mittlerweile in Europa sehr ernst zu nehmende Zerfallserscheinungen gibt wie den möglichen Austritt Großbritanniens aus der EU kann niemanden überraschen. Ebenso wenig wie die sich in vielen Ländern formierenden EU-Gegner die einen gewaltigen Rechtsruck für den Kontinent bedeuten. Die Menschen haben es satt für dumm verkauft oder bisweilen sogar belogen zu werden. Und das passiert, wie nachfolgende Interviews und Reden belegen.

Der von Ihnen 2014 ins Amt gehievte Kommissionspräsident Jean Claude Juncker gab bereits am 27.12.1999 Entlarvendes in einem SPIEGEL-Interview zu Protokoll:

„Wir beschließen etwas, stellen das dann in den Raum und warten einige Zeit ab, was passiert. Wenn es dann kein großes Geschrei gibt und keine Aufstände, weil die meisten gar nicht begreifen, was da beschlossen wurde, dann machen wir weiter – Schritt für Schritt, bis es kein Zurück mehr gibt."

Ihr Finanzminister Wolfgang Schäuble äußerte sich laut einem Artikel in DIE WELT vom 8.12.2011 anlässlich des European Banking Congress in Frankfurt Ende November 2011 wie folgt:

"Die Kritiker, die meinen, man müsse eine Kongruenz (Anmerkung: Übereinstimmung) *zwischen allen Politikbereichen haben, die gehen ja in Wahrheit von dem Regelungsmonopol des Nationalstaates aus."* Diese durch das Völkerrecht geschützte Souveränität sei aber in Europa spätestens mit den beiden Weltkriegen *"längst ad absurdum geführt"* worden. Und weil dies so sei, formulierte

er jenen folgenschweren Satz: *"Und wir in Deutschland sind seit dem 8. Mai 1945 zu keinem Zeitpunkt mehr voll souverän gewesen."* Deswegen sei der Versuch, in der europäischen Einigung, *"eine neue Form von Governance* (Anmerkung: oft übersetzt als Regierungs-, Amts- bzw. Unternehmensführung –, auch Lenkungsform) *zu schaffen"*. In dieser neuen Form gebe es dann halt nicht eine politische Ebene, die für alles zuständig sei und, gestützt auf *"völkerrechtliche Verträge, bestimmte Dinge auf andere überträgt"*.

Und weiter: *"Nach meiner festen Überzeugung wird das 21. Jahrhundert ein sehr viel zukunftsweisender Ansatz als der Rückfall in die Regelungsmonopolstellung des klassischen Nationalstaates vergangener Jahrhunderte. Ich möchte Ihnen ganz klar sagen, dass ich ziemlich überzeugt bin, dass wir in einer Zeit von weniger als 24 Monaten in der Lage sind und in der Lage sein werden, das europäische Regelwerk so zu verändern. Wir brauchen nur das Protokoll Nr. 14 im*

Lissabonvertrag so aufzubauen, dass wir daraus die Grundzüge einer Fiskalunion schaffen (…)".

Also die durch das Völkerrecht geschützte Souveränität eines Staates ist seit dem 2. Weltkrieg obsolet? Seit wann ist das Völkerrecht außer Kraft? Das wiedervereinigte Deutschland ist kein souveräner Staat? Ja, wenn man bedenkt, dass es bis heute keinen Friedensvertrag gibt. Aber was ist Deutschland dann? Besetzt? Wenn ja, wüssten wir gerne von wem. Doch von den Amerikanern? Das würde zumindest einiges erklären. Stimmt am Ende doch die angeblich von Barack Obama 2009 auf der Ramstein Air Base gemachte Äußerung vor Soldaten *„Deutschland ist ein besetztes Land und wird es auch bleiben"*, für die es allerdings keinen Beleg gibt.

Und hat Deutschland im Rahmen der EU-Verträge bereits auf seine Souveränität verzichtet? Also, eine Aushebelung unseres demokratisch gewählten Parlamentes in Bezug auf das TTIP-Abkommen dürfte wohl auf ziemlich wackligen Beinen stehen. Nach den EU-Vereinbarungen handelt es sich hierbei um ein gemischtes Abkommen, welches sehr wohl der nationalen Zustimmung bedarf:

„In einigen Bereichen (wie z.B. Agrarpolitik, Außenhandel, Zollpolitik) sind die Organe der EU ganz oder weitgehend allein zuständig. Sie erlassen Gesetze, die in allen Mitgliedsstaaten gelten. Die Mitgliedsstaaten können allein nicht mehr tätig werden."

„In anderen Politikbereichen (wie z.B. Umwelt, Verbraucherschutz, Entwicklungspolitik) liegt die Zuständigkeit zu Teilen bei der Union, zu Teilen bei den Mitgliedsstaaten. Die Organe der EU fassen nur dann Beschlüsse, so weit das Prinzip der Subsidiarität es erlaubt. Die Mitgliedsstaaten können weiterhin viele Gesetze unabhängig von der Union annehmen und die Politik selbst gestalten."

„In einigen Politikbereichen (wie Wirtschaftspolitik und Beschäftigungspolitik) handeln die Mitgliedsstaaten in der Regel allein für sich, stimmen sich aber gegenseitig ab, koordinieren also ihre Politik untereinander. Die EU kann in einigen dieser Bereiche verbindliche Leitlinien vorgeben oder ergänzende Maßnahmen beschließen."

Und es gibt noch eine EU-Institution, die uns Bürger wütend macht. Die EZB. Wer entschädigt eigentlich die EU-Bürger dafür, dass sie angesichts der Fiskal-Politik der EZB mit ungebremstem Gelddrucken keine Chance mehr haben, für ihr Alter vorzusorgen? Wieso darf die EZB unsere Sparguthaben einfach so vernichten? Wieso zahlen wir mittlerweile Strafzinsen dafür dass wir Geld auf dem Konto liegen haben? Erst wurden wir in den 60er Jahren, als Löhne und Gehälter noch bar ausgezahlt wurden, gezwungen uns Konten anzuschaffen. Jetzt haben wir die, und die Politik vergreift sich schamlos an unserem Geld. Als Konsequenz aus dieser ungenierten Abzockerei holen viele Bürger ihr Geld von der Bank und deponieren es notfalls in der Kaffee- dose zu Hause. Folge: Der Staat plant die Einführung einer willkürlichen Bargeld- grenze. Und als wenn das nicht schon genug Bevormundung wäre plant man jetzt noch die totale Abschaffung des Bargeldes und schielt dabei nach Skandinavien, die ja schon so vorbildlich modern sind. Nur die dummen Deutschen hängen ja noch an ihrem Bargeld. Übrigens, die Deutsche- Wirt- schafts-Nachrichten DWN zitiert den füh- renden österreichischen Verfassungsrecht- ler Heinz Mayer so:

„Sollte sich auf EU-Ebene eine Abschaffung von Bargeld abzeichnen, können National- staaten dies nicht verhindern. Dies gilt auch, wenn sie das Bargeld zuvor in den Verfassungsrang erheben."

Bedeutet, unsere Verfassung und somit das Grundgesetz sind schon längst Makulatur!

So, und verkauft wird uns das Ganze mal wieder mit dem Totschlagsargument der Sicherheit, Terrorgefahr und Geldwäsche. Und damit hat man den Bürger endlich da, wo man ihn hin haben will. Komplett entmündigt und gläsern. Damit ist er natürlich auch endlich auf Gedeih und Verderb den Banken ausgeliefert, die sich die einzigen Zahlungsmöglichkeiten per Kreditkarte oder Smartphone fürstlich bezahlen lassen werden. Und selbstverständlich können Banken dann auch für „virtuelle Guthaben" auf den Konten Strafzinsen berechnen wie sie wollen. Werden Bürger dann gezwungen Kreditkarte und/oder Smartphone zu besitzen? Es ist genau die Strategie, die Herr Juncker skizziert hat. Man muss seinen Satz nur mal zwischen den Zeilen lesen.

Also, die zuvor skizzierten Aussagen prominenter Politiker machen uns Bürgern auf jeden Fall eines klar: Wahlen sind nur noch zur Verdummung gedacht. Alle paar Jahre ein Kreuzchen machen und dann die Klappe halten. Das war's. Die Zukunft dieses Kontinents wird hinter verschlossenen Türen von Menschen beschlossen, die wir nicht gewählt haben – siehe Lobbyisten. Fest entschlossen, Herr Juncker hat es in dem eben zitierten SPIEGEL-Interview ja unumwunden zugegeben, bauen Sie alle am Einheitsstaat Europa mit einer zentralen Regierung in Brüssel. Wann hatten Sie Frau Merkel eigentlich geplant, die Bürger hierüber offen und ehrlich zu informieren? Frau Merkel ich prophezeie Ihnen, dass Ihnen dieses Europa um die Ohren fliegen wird.

Übrigens zeigt diese ganze Entwicklung erstaunliche Parallelen zu den von dem Kernphysiker, Astronomen und Philosophen Carl Friedrich Freiherr von Weizsäcker (Bruder unsers ehemaligen Bundespräsidenten Richard von Weizsäcker) in seinem letzten Buch „Der bedrohte Frieden – heute" von 1994 aufgestellten Prognosen. Er sah die kommende Globalisierung (obwohl dieser Begriff seinerzeit noch gar nicht existierte) mit ihren Begleiterscheinungen voraus und zeichnete ein düsteres Bild von der Zukunft der Menschen. So prophezeite er unter anderem:

„Die Arbeitslosenzahlen werden ungeahnte Dimensionen erreichen. Die Löhne werden auf ein noch nie da gewesenes Minium sinken. Die Sozialsysteme werden mit dem Bankrott des Staates zusammenbrechen. Rentenzahlungen zuerst. Auslöser ist eine globale Wirtschaftskrise ungeheuren Ausmaßes, die von Spekulanten ausgelöst wird."

Deutschland nach 10 Jahren Merkel Kanzlerschaft

Frau Merkel, von Ihnen wird folgender Satz von den Medien kolportiert, den Sie anlässlich Ihrer Grundsatzrede zum 60-jährigen Bestehen der CDU am 16. Juni 2005 gesagt haben sollen:

"Denn wir haben wahrlich keinen Rechtsanspruch auf Demokratie und soziale Marktwirtschaft auf alle Ewigkeit."

Woher nehmen Sie eigentlich die unglaubliche Behauptung, dass es in Deutschland keinen Rechtsanspruch auf Demokratie gibt? Kennen Sie das Grundgesetz nicht? In Deutschland ist die Demokratie durch das Grundgesetz als tragendes Verfassungsprinzip festgelegt:

„Die Bundesrepublik Deutschland ist ein demokratischer und sozialer Bundesstaat Artikel 20 Absatz 1GG. Die Bestimmung kann

Was wollten Sie uns also mit diesem Satz
sagen? Dass wir uns schon einmal mit dem
Gedanken anfreunden sollen, dass es mit
der Demokratie bald vorbei ist? Oder wollten Sie sagen, dass Demokratie nicht
selbstverständlich ist und wir daher immer
wieder alles tun müssen um sie zu erhalten? Dann hätten Sie sich doch so ausdrü-
cken können.

Und die soziale Marktwirtschaft? In Ihrer
Regierungserklärung im Januar 2014 verstiegen Sie sich zu folgender Aussage:

*„Die soziale Marktwirtschaft ist unser
Kompass, weil sie wie keine zweite Wirt-
schafts- und Sozialordnung den Menschen in
den Mittelpunkt stellt. Genau darum hat es
zu gehen: um den Menschen im Mittelpunkt
unseres Handelns."*

Sie haben natürlich nicht dazu gesagt, dass Sie neun Jahre vorher offensichtlich ganz anderer Meinung waren und sich das Thema soziale Marktwirtschaft durch Ihre neoliberale Politik sowieso längst erledigt hat. Aber wahrscheinlich ist Ihnen dieser Kompass abhanden gekommen. Dass Sie mit Ihren Entscheidungen die Menschen in den Mittelpunkt stellen muss den Leser ebenfalls überraschen. Die Menschen in diesem Land sind bestenfalls zu einem Produktionsfaktor geworden. Wirtschafts- und Unternehmensethiker bezeichnen den abhängig Beschäftigten längst als *„Produktionsfaktor mit Würde"* der allerdings für die Unternehmen eine Ressource wie jede andere sei. Da mit Ausnahme einiger verantwortlich handelnder inhabergeführte Mittelstandsfirmen Unternehmen heute von Investoren, Rendite und Shareholder-Erwartungen bestimmt werden, wird diese Ressource die den Wohlstand der Unternehmen mitgeschaffen hat bei der kleinsten Abwärtsbewegung ausgemustert.

Unternehmerische und soziale Verantwortung sind längst dem vom Kapital bestimmten Ansprüchen gewichen. Hinzu kommt ein unsägliches Machtstreben seitens einiger Unternehmenslenker, die aus ihren Betrieben auf Teufel komm heraus Global Player machen wollten, und sich dabei gnadenlos vergaloppiert haben. Dieses Bestreben gepaart mit lukrativen, aber häufig eben auch dubiosen Geschäftspraktiken führt dann zu katastrophalen Schieflagen. Deutsche Bank und VW sind nur zwei von den aktuellen Beispielen. Andere Unternehmen haben Entwicklungen entweder verschlafen oder bewusst ignoriert wie unsere deutschen Energiekonzerne. Die Quittung wie in allen anderen Fällen bekommt der Produktionsfaktor Mensch zu spüren. Er wird entsorgt.

Im Zusammenhang mit der Staatschuldenkrise meinten Sie in Ihrer Regierungserklärung, dass eine Vertiefung der Wirtschafts- und Währungsunion sowie eine Stärkung der europäischen Institutionen nötig sei. Und dann wörtlich:

„Auch die europäische Politik muss den Menschen in den Mittelpunkt des Handelns stellen. Sie soll den Alltag der Menschen einfacher machen und nicht schwerer. Sie soll die Rahmenbedingungen für Engagement, Eigeninitiative und Unternehmertum verbessern und nicht beeinträchtigen. Deshalb muss gelten: Wer Europa will und wer will, dass es Europa gut geht, der muss bereit sein, Europa stabiler, bürgernäher, stärker, einiger und gerechter zu machen, und der muss natürlich zu Hause seine Hausaufgaben machen."

Aha. Und wie passt das zu dem zuvor beschriebenen und von Ihrer Partei besonders forcierten Lobbyismus? Es war doch Ihre CDU/CSU-Fraktion, die sich 2015 mit aller Macht gegen das von *abgeordneten-watch* erzielte Gerichtsurteil zur Offenlegung der Lobbyisten, die ungehinderten Zugang zum Bundestag haben, gewehrt hat, und erst nach langem Zögern dem Beispiel der anderen Parteien gefolgt ist. Wobei man dazu sagen muss, dass Sie für diesen Gerichtsprozess nicht etwa auf Juristen Ihres Hauses zurückgegriffen haben. Nein, Sie haben eine renommierte Rechtsanwaltskanzlei beauftragt, die mit unseren Steuergeldern bezahlt wurde.

Sorgen Ihre Lobbyisten etwa dafür, dass Deutschland und Europa gerechter werden? Und warum wehrt sich Deutschland vehement gegen die Einführung rechtskräftiger Bürgerbegehren? Die pauschale Antwort deutscher Politiker lautet: „*Die repräsentative Demokratie hat sich bewährt. Wir brauchen keine rechtsverbindlichen Bürgerbegehren.*" Entschuldigung, bei Ihrem massiven Einsatz von Lobbyisten kann ich nicht erkennen, dass unsere Demokratie noch repräsentativ ist! Bezeichnen Sie es etwa als Bürgernähe, wenn die Europäische Kommission 2014 ein Europäisches Bürgerbegehren (EBI) gegen CETA und TTIP rundweg ablehnt? Warum dieses arrogante Verhalten fast sämtlicher Minister, wenn sie von Journalisten um eine vorher nicht angemeldete Stellungnahme gebeten werden? Ist das

Bürgernähe? Glauben Sie denn ernsthaft, dass der Bürger in einer vertieften Wirtschafts- und Währungsunion überhaupt noch eine Rolle spielt? Je stärker der Apparat in Brüssel wird, desto weniger Einfluss werden die Menschen auf diesem Kontinent auf die Zukunftsentwicklung haben. Wolfgang Schäuble hat das in seiner Rede ganz deutlich definiert, wie wir eben gelesen haben.

Sie sprachen in Ihrer Erklärung davon, dass Ihr Handeln den Alltag der Menschen einfacher machen solle. Und wie erklären Sie dann die ständig neuen Verordnungen, die selbst von einem Handwerker oder Landwirt eine nur dafür zuständige Arbeitskraft erfordert? Steuerberater müssen heute konstant Seminare besuchen, damit sie noch verstehen, wie das System funktioniert und was bestimmte neue Gesetze und Verordnungen bedeuten. Wir werden zugemüllt mit Formularen. Und Behördenbriefe? Ja, für die braucht man fast einen Rechtsanwalt, um das verquaste Deutsch überhaupt

zu verstehen. Oder diese Nachrichten sind
so unverschämt unfreundlich, dass einem
schlichtweg die Spucke wegbleibt. Das,
Frau Merkel, ist die Folge Ihres Handelns.

Wenn Sie Europa wirklich gerechter machen
wollen, dann fangen Sie doch mal in
Deutschland an. Es gibt immer noch unzählige Steuerschlupflöcher, die nur gut Be-
tuchte mit Hilfe von renommierten Fachju-
risten zu nutzen wissen. Und das schlimme
ist, Sie wissen davon, tun aber nichts.
Aktuelles Beispiel sind die dubiosen CUM-
Ex-Aktien-Geschäfte mit denen sich promi-
nente Millionäre in Deutschland aufgrund
eines Steuerschlupfloches Millionen Euro
in die Taschen gestopft haben. Dem Staat
ist dabei ein zwölf Milliarden Euro Schaden entstanden. Diese Geschäfte sind seit
2002 dem Finanzministerium bekannt. Keiner
der Finanzminister hat bisher dafür gesorgt, dass diese Lücke geschlossen wird.
Man hat ein Weichspüler-Gesetz erlassen,
mit der Folge, dass diese Geschäfte jetzt
unter dem Namen CUM-CUM unverdrossen über

ausländische Banken weiter laufen. Jetzt versucht endlich ein Bundestagsuntersuchungsausschuss zu klären, wer dieses klägliche Versagen zu verantworten hat. Konsequenzen wird das natürlich keine haben. Die Milliarden sind für uns Steuerzahler einfach weg.

Warum müssen Bürger nach wie vor Jahre, wenn nicht sogar Jahrzehnte auf Entschädigungszahlungen von Versicherungen warten, die ihnen von deutschen Gerichten zugesprochen wurden? Warum ist das Thema „Gutachter" nicht endlich sauber geregelt? Jeder Bürger in diesem Land kann von einer klagenden Partei vor Gericht als Gutachter bestellt werden. Ob er Fachkenntnisse hat oder nicht, ob er parteiisch ist oder nicht. Warum gibt es nach wie vor ein dubios zu nennendes Betreuerverfahren, bei dem es Betreuern offensichtlich ohne rechtliche Folgen zugestanden wird, das Vermögen des betreffenden Bürgers zu veräußern oder sich schlimmstenfalls sogar anzueignen? Wie kann es sein, dass Täter einen Rechtsanwalt auf Staatskosten zur Seite gestellt bekommen, das Opfer aber seinen Anwalt selbst bezahlen muss? Diese Liste ließe sich seitenweise fortsetzen Frau Merkel.

Und auch das Thema „Schutz der Bevölkerung" kann nun wahrlich nicht als gelungen geregelt bezeichnet werden. Künstliche Hüft- oder Kniegelenke sind nach wie vor nicht zulassungspflichtig. Betroffene Patienten können ein Lied von den Folgen singen. Dass Brustimplantate aus billigem Industriedreck bestanden anstatt aus hochwertigem Silikon – ein Betriebsunfall? In keinem anderen Land in Europa werden so viele Knie- und Hüftgelenks-Operationen durchgeführt wie in Deutschland. In keinem anderen Land gibt es so viele Amputationen bei Diabetikern. Wieso? Ganz einfach, weil es für Operationen und Amputationen eben eine höhere Fallpauschale und somit mehr Geld für die als Wirtschaftsbetrieb geführten Kliniken gibt. Da wird mal schnell ein Gesetz geändert, damit Patienten mit

MRSA-Keimen auf normale Stationen verlegt werden können, weil angeblich das Geld für die eigentlich notwendigen Isolierzimmer fehlt. Der Patient ist wie immer nur noch ein Kostenfaktor.

Was hat Blei in Kiesel-Erde zu suchen? Was haben die ganzen Zusatzstoffe in Lebensmitteln zu suchen, die wir Verbraucher noch nicht einmal kennen oder deren Wirkung uns nicht geläufig ist? Auch diese Liste ist ellenlang. Nur in der Politik interessiert das niemanden. Dank Lobbyismus! Wenn Sie die Bevölkerung schützen wollen, sollte Ihr Finanzminister endlich mit seinem Mantra von der schwarzen Null aufhören, um die dringend notwendigen Investitionen zu ermöglichen. Vorfälle wie dieser sind keine Seltenheit: Eine Grundschule wird von einem wildfremden Mann belagert. Er spaziert durch die Schule, versteckt sich hinter Containern im Hof. Zunächst versuchen die Lehrkräfte ihn loszuwerden, dann schalten sich Väter ein, die ihre Kinder von der Schule holen wollen.

Parallel ruft eine Lehrerin die nächste zuständige Polizeistation an. Die Antwort dort: „Es tut mir leid. Wir sind gerade bei einem Unfall. Leider haben wir keinen zweiten Wagen. Sie müssen leider warten." Und das ist vor kurzem in einem Ballungsgebiet in Deutschland passiert.

Bezug nehmend auf die Finanzkrise 2008 sagten Sie:

„Auch in der internationalen sozialen Marktwirtschaft ist nämlich der Staat der Hüter der Ordnung. Deutschland übernimmt Verantwortung in Europa und der Welt, damit sich genau diese Einsicht, dass der Staat Hüter der Ordnung ist ist, durchsetzen kann. Dazu sind Fortschritte bei der Regulierung der Finanzmärkte unverzichtbar, und zwar Fortschritte, die diesen Namen auch wirklich verdienen, wenn wir das Versprechen einhalten wollen, das wir den Menschen gegeben haben. Das ist das Versprechen, dass sich eine solch verheerende weltweite

Also, wenn der Steuerzahler künftig nicht
mehr für Finanz-Schieflagen haften soll,
wie kommt es dann, dass bereits jetzt Bürger mit einem Vermögen über 100.000 Euro
sehr wohl im Ernstfall mit ihrem Geld haften und die Bank das Geld einkassieren
kann um das Institut zu retten? Dieses
Prinzip wurde ja bereits in Zypern ange-
wandt. Übrigens haben Sie sich 2008 in der
Hochphase der Finanzkrise zusammen mit
Peer Steinbrück als Finanzminister medienwirksam vor die Kameras gestellt und zuge-
sichert, dass das Geld der Sparer sicher
sei. Ich meine, jeder weiß heute, dass das
auch wieder nur eine Ihrer Beruhigungspil-
len war. Denn hätte der Staat tatsächlich
für alle Sparguthaben haften müssen, wäre
Deutschland pleite gewesen. Im Übrigen be-
deutete Ihre Sprechblase keinen Rechtsanspruch darauf, dass der Staat dann auch

tatsächlich für die Sparguthaben seiner Bürger gehaftet hätte. Die Sparguthaben waren zu keinem Zeitpunkt sicher.

Ihr Versprechen, dass sich so eine Finanzkrise nicht wiederholen darf? Ein frommer Wunsch. Längst rasen wir wieder auf eine ähnliche Situation zu. Den Finanzhaien wurden ihre hochtoxischen Papiere nämlich nicht verboten. Mit ihnen werden jährlich munter Milliarden Dollar verdient. Und man kann nur hoffen, dass die Prognosen ernstzunehmender Fachleute nicht zutreffen, die sagen, dass es aufgrund der internationalen Turbulenzen dieses Mal noch viel schlimmer werden könnte.

„Deutschland hat den Weg der Energiewende eingeschlagen. Deutschland hat sich entschieden, eine Abkehr vom jahrzehntelangen Energiemix – einem Energiemix aus vornehmlich fossilen Energieträgern und Kernenergie – zu vollziehen. Es gibt kein weiteres vergleichbares Land auf dieser Welt, das

eine solch radikale Veränderung seiner Energieversorgung anpackt. Diese Entscheidung wird von der überwältigenden Mehrheit der Deutschen unterstützt. "

Wenn die Energiewende für Sie angeblich so wichtig ist, stellt sich wieder einmal die Frage: Warum sind Sie 2010 wieder in die Atomenergie mit einer Laufzeitverlängerung eingestiegen und haben den Prozess der Energiewende damit um Jahre in die Vergangenheit katapultiert? Die rot/grüne-Regierung unter Gerhard Schröder hatte nach langwierigen Verhandlungen doch bereits 2002 einen Kompromiss mit der Atomindustrie für einen stufenweisen Ausstieg erzielt. Warum mussten Sie dann wieder einsteigen? War es wieder einmal Lobbyisten-Druck? Als dann ein Jahr später die fürchterliche Atomkatastrophe in Fukujima passierte, sind Sie über Nacht wieder ausgestiegen. Hat Sie es als Physikerin etwa überrascht, dass das angeblich „Undenkbare" eben doch passieren konnte? War Tschernobyl nicht Warnung genug? Die Quittung für diesen ad hoc-Ausstieg, der offensichtlich einige rechtliche Lücken aufweist: wir Bürger dürfen dafür bezahlen, denn die Atomkraftwerksbetreiber prozessieren gegen diesen abrupten Ausstieg.

Also, anstatt mit der Regierungsübernahme 2005 auf dem von den Vorgängern ausgehandelten Ausstieg aufzubauen und die alternative Energie stärker zu fördern, tun Sie genau das Gegenteil. Soll das etwa eine weitsichtige Politik sein? Und um diesen Zick-Zack-Kurs noch zu krönen versucht Ihre Partei Sie uns Bürgern als die „grüne Kanzlerin" zu verkaufen. Ja geht's noch? Dabei hat Ihr ständiger Zick-Zack-Kurs in Sachen Energie und Klima dazu geführt, dass die Solarindustrie sich mittlerweile auf dem absteigenden Ast befindet. Die bahnbrechendsten Erfindungen in Sachen Solarenergie kommen nicht mehr aus Deutschland sondern aus dem Silicon Valley.

Gerne werden Sie von Ihrem Umfeld ja auch als die „Klima-Kanzlerin“ bezeichnet. Aha. Na, dann nennen Sie uns doch mal einen Minister, der ein Elektroauto fährt? Und wie sieht der Bundestags-Fuhrpark aus? Genauso fette Spritschlucker. Warum wurden jüngst sogar Baugenehmigungen zur Errichtung neuer Kohlekraftwerke erteilt? Warum sind die alten Kohle-Dreckschleudern immer noch in Betrieb? Laut WWF sind 6 der schmutzigsten Kohlekraftwerke von den insgesamt 10 in Europa in Deutschland beheimatet. Ja, ernster Klimaschutz lässt sich nicht durch medienwirksame Bilder im roten Anorak vor schmelzenden Eisbergen in Grönland betreiben. Auch das nur eine Bildinszenierung.

Dass wir bereits den Anschluss bei der Entwicklung effizienter Elektro-Autos verpasst haben, beweist uns Tesla. Elon Musk, der Gründer von PayPal hat ein Auto geschaffen, welches die Anforderungen unserer mobilen Gesellschaft wirklich erfüllt. Mit einem Lade-Radius über 400 km, einer Beschleunigung von 0 auf 100 in 3 Sekunden und der Möglichkeit, das Auto auch an der heimischen Steckdose aufzuladen können ist es der Prototyp der Zukunft. Und als weitsichtiger Geschäftsmann hat Elon Musk gleichzeitig das weltweit größte Batteriewerk in den USA gebaut, welches Stromspeicher auch für den privaten Gebrauch ab 2016 anbietet. Parallel baut er in den USA ein Ladestation-Netz auf. Das, Frau Merkel ist eine durchdachte in sich schlüssige Langfrist-Strategie mit Zukunftsperspektive. Auch der Internet-Riese Google arbeitet an interessanten Konzepten für die mobile Gesellschaft von morgen.

Übrigens beide Unternehmen sind ein prominentes Beispiel für die bereits erwähnte Digitale Transformation. Sie bedeutet nämlich nichts anderes, als dass branchenfremde Unternehmen in die Phalanx der etablierten Anbieter einbrechen und ihren Platz einnehmen. Und was machen unsere PKW-Hersteller? Die kämpfen in Brüssel um möglichst hohe Abgaswerte und konstruieren weiterhin Spritschlucker mit der Technik aus dem letzten Jahrhundert. Und die paar existierenden deutschen E-Autos sind maximal für den täglichen Einkauf im Supermarkt geeignet da die Batterie-Reichweite schlichtweg ein Witz ist.

Ihre Bemerkung auf der Pressekonferenz anlässlich des Besuches von Barack Obama im Sommer 2013 *„Das Internet ist für uns alle Neuland"* verdeutlicht, welche Zukunftsperspektiven Deutschland hat. Endlich haben Sie registriert, dass wir dringend ein flächendeckendes Glasfasernetz benötigen. IT-Sicherheit ist für Ihre Regierung wohl ebenso ein Fremdwort, wie der Cyber-Angriff auf die Bundestags-PCs gezeigt hat. Microsoft hatte lange angekündigt, dass sein Support für Windows XP Anfang April auslaufen wird. Für schlappe 100.000 Euro plus Mehrwertsteuer aus Steuergeldern kaufte sich der Deutsche Bundestag dann eine Support-Verlängerung bei Microsoft. Auch wenn dieser Cyber-Angriff wohl eher ausländischen Geheimdiensten zuzusprechen ist zeigt der Vorgang doch, wie wenig das

Thema in den Köpfen verankert ist. Gute
Nacht Deutschland!

Eidesformel

Abschließend wiederhole ich noch einmal die Eidesformel, die Sie ja bereits drei Mal abgelegt haben:

„Ich schwöre, dass ich meine Kraft dem Wohle des deutschen Volkes widmen, seinen Nutzen mehren, Schaden von ihm wenden, das Grundgesetz und die Gesetze des Bundes wahren und verteidigen, meine Pflichten gewissenhaft erfüllen und Gerechtigkeit gegen jedermann üben werde.

(So wahr mir Gott helfe.)“

Und wann haben Sie unseren Nutzen gemehrt? Wann haben Sie Schaden von uns abgewendet? Und wie sieht es angesichts des massiven Lobbyisten-Aufgebotes mit der *Gerechtigkeit gegen jedermann* aus? Nur, der Leser muss wissen, dass dieser sogenannte Eid natürlich nur dazu da ist, uns medienwirksame Bilder zu liefern. Sie könnten genauso gut unser Kinder-Indianer-Ehrenwort mit gekreuzten Fingern hinter dem Rücken ablegen. Das hätte die gleiche Konsequenz. Nämlich gar keine. Es gibt keine juristi-

schen Konsequenzen bei Zuwiderhandeln. So
einfach ist das.

Mit freundlichen Grüßen nach Berlin

Catrin Weisglud